dtv

Herausgegeben von Olaf Benzinger

Matthias Viertel, geb. 1952, Dr. phil. und Theologe. Als Pastor war er Referent der norddeutschen Kirchen beim NDR, von 1996 bis 2005 Direktor der Evangelischen Akademie Hofgeismar, seit 2006 arbeitet er am Landeskirchenamt in Kassel. Zahlreiche Publikationen, zuletzt ›Grundbegriffe der Theologie‹ (2005, <u>dtv</u> 34256).

einfach wissen

Das Wichtigste über

Religion
& Philosophie

Von Matthias Viertel

Mit zahlreichen farbigen Abbildungen

Deutscher Taschenbuch Verlag

Ein Überblick über die gesamte Reihe findet sich am Ende des Buches

Originalausgabe
Oktober 2006
© Deutscher Taschenbuch Verlag GmbH & Co. KG,
München
www.dtv.de
Das Werk ist urheberrechtlich geschützt.
Sämtliche, auch auszugsweise Verwertungen bleiben vorbehalten.
Umschlagkonzept: Balk & Brumshagen
Umschlagfoto: Corbis/Will & Deni McIntyre
Redaktion, Satz und Innengestaltung: Lektyre Verlagsbüro, Germering
Gesetzt aus der Concorde 9/13°
Druck und Bindung: APPL, Wemding
Gedruckt auf säurefreiem, chlorfrei gebleichtem Papier
Printed in Germany
ISBN-13: 978-3-423-34368-8
ISBN-10: 3-423-34368-0

Inhalt

Vorwort des Herausgebers

Bildung steht wieder hoch im Kurs: Wissen ist wichtig für den beruflichen und den persönlichen Erfolg. Eine gute Allgemeinbildung erhöht nicht nur die Chancen im Leben, sondern auch den Spaß daran. Man kann sogar Millionär damit werden.

Heutzutage steht uns eine nahezu unbegrenzte Menge an Wissen zur Verfügung, das jederzeit aus Büchern, aus anderen Printmedien und aus dem Internet abgerufen werden kann. Dennoch ist ständig die Rede davon, dass das Bildungsniveau nicht steigt, sondern sinkt, und zwar quer durch alle Bevölkerungsschichten.

Über die Ursachen für diese Entwicklung wird viel diskutiert. Eines ist klar: Die steigende Informationsflut macht zusammen mit der wachsenden Medienvielfalt den Erwerb und die dauerhafte Aneignung von Wissen nicht einfacher, eher sogar schwieriger. Was man irgendwann mal gelernt hat, verschwindet aus dem Gedächtnis, was man neu aufnimmt, bleibt nicht richtig darin verankert. Man weiß immer mehr und versteht immer weniger.

Das überraschend schwache Abschneiden der Deutschen in der schon fast sprichwörtlich gewordenen PISA-Studie hat sicherlich viele Ursachen, ist aber gerade auch vor diesem Hintergrund zu verstehen.

Die Reihe ›einfach wissen‹ bietet hier Unterstützung an. Namhafte Wissenschaftspublizisten stellen in acht Bänden ein breites Spektrum von Wissensgebieten vor: von Naturwissenschaft und Technik bis Theologie, von Literatur bis Politik und Wirtschaft, von Geschichte bis Geografie, von Medizin bis Kunst und Musik. Aus dem jeweiligen Fachgebiet werden zentrale Informationen herausgefiltert, die als Grundwissen gelten können. Dadurch entsteht eine solide Wissensbasis, die es erleichtert, weiteres Detailwissen einzuordnen, miteinander zu verknüpfen und im Gedächtnis zu behalten. Die Texte sind in knappen Einheiten aufgebaut, sie sind gut verständlich und unterhaltsam geschrieben.

Eine Fülle von Abbildungen illustriert und ergänzt die Informationen im Text. Im Anhang findet man Lektüreempfehlungen sowie zahlreiche weitere praktische Hinweise und Informationen. So kann man vorhandene Kenntnisse spielerisch auffrischen und sich neue Themenfelder erschließen.

Der vorliegende Band beschäftigt sich mit dem Themenkreis der Spiritualität – der Welt der Religionen und der Philosophie. Vorgestellt werden zunächst die herausragenden Persönlichkeiten mit ihren bedeutenden Glaubens- und Lehrgebäuden, mit denen sie der Menschheit ihren maßgeblichen Stempel aufgedrückt haben. Daneben stellen einzelne Artikel das Wichtigste zu den zentralen theologischen und philosophischen Schauplätzen, Theorien, Grundbegriffen sowie den charakteristischen Eigenheiten der verschiedenen Glaubensformen dar. Im Anhang findet sich ein detailliertes Verzeichnis der bedeutendsten Feiertage in den unterschiedlichen Weltreligionen. Literaturempfehlungen und ein mit Kurzinfos versehenes Namenverzeichnis runden den Band ab.

Olaf Benzinger
Germering, im Sommer 2006

Persönlichkeiten

Mose (13. Jahrhundert v. Chr.)

Die herausragende Stellung Moses wird schon dadurch deutlich, dass von den »mosaischen Religionen« gesprochen wird, um die gemeinsame Quelle von Judentum, Christentum und Islam zu kennzeichnen. Die ersten fünf Bücher des Alten Testaments (›Pentateuch‹) sind ihm zugeschrieben, im Judentum bilden sie als »Thora« (Lehre, Weisung) die Grundlage des Glaubens, im Islam wird Mose (*Musa*) als Prophet und Gesandter Gottes verehrt, der auf die Welt gekommen ist, um den Monotheismus zu bringen.

Etwas schwieriger ist es, genauere Angaben über die Person zu machen, die hinter den historischen Berichten steht. In das 13. Jahrhundert v. Chr. sind die Geschichten zu datieren, die in drei große Traditionsstränge gegliedert werden können: den Auszug des Volkes Israel aus Ägypten, die Offenbarung Gottes am Berg Sinai mit der Übergabe der Gebote, schließlich der Zug durch die Wüste, der in der Einnahme des verheißenen Landes gipfelt. Entsprechend diesen unterschiedlichen Traditionen wurde Mose mal als Religionsstifter und charismatischer Führer, mal als Prophet und Gesetzgeber, dann wieder als Priester oder auch Richter charakterisiert, wobei in der Forschung nach wie vor ungeklärt ist, ob es sich in allen Fällen auch um die gleiche Person handelt.

Textkritische Untersuchungen haben erbracht, dass jedenfalls die Schriften aus unterschiedlichen Quellen stammen, von denen die jüngsten erst im 7. Jahrhundert v. Chr. entstanden sind; und auch die unterschiedlichen Gottesnamen (Jahwe, Elohim) sprechen für ursprünglich getrennte Erzähltraditionen. Als unbestritten

José de Ribera: ›Der heilige Moses‹, 1638.

gilt die Überzeugung, dass sich das aus zwölf Stämmen zusammensetzende Volk Israel erst nach der Landnahme in Palästina herausgebildet hat, dass also die einzelnen Erzählungen auf eigenständige Sagen zurückgehen, die erst im Nachhinein mit der Person Moses verwoben worden sind.

Die biblischen Bücher bringen diese Geschichten in eine Chronologie, der zufolge Mose in Ägypten geboren und dort als Findelkind von einer Pharaonentochter aufgezogen wurde. Nach seiner Flucht in die Wüste heiratet er die Tochter eines medianitischen Priesters, erlebt eine Gottesoffenbarung und kehrt zurück nach Ägypten, um seinem unterdrückten Volk zur Freiheit zu verhelfen.

40 Jahre führt er es zusammen mit seinem Bruder Aaron durch die Wüste und überbringt ihm die zehn Gebote Gottes. Das verheißene Land bleibt Mose aber verwehrt, nach einem Blick vom Berg Nebo auf das Land, in dem

»Merket auf, ihr Himmel, denn ich will reden, und die Erde höre die Worte meines Mundes! Meine Lehre riesle wie der Regen, und meine Rede träufle wie der Tau, wie Regenschauer auf das junge Grün und wie Tropfen auf die Flur.«
5. Mose 32

»Milch und Honig fließen«, stirbt er und wird bei Bet-Pegor im Ostjordanland begraben.

Laotse (6. Jahrhundert v. Chr.)

Eine Biografie Laotses zu schreiben ist heikel, selbst wenn sie in aller Kürze nur das Wesentliche benennen soll, denn zum einen ist es fraglich, ob es diesen einen Menschen Laotse überhaupt gegeben hat. Einige Wissenschaftler vertreten die Meinung, das auch im Westen äußerst populär gewordene Buch ›Laozi‹ (auch ›Tao te king‹ oder nach der offiziellen chinesischen Umschrift *Daodejing* genannt) stamme gar nicht von einem einzigen Verfasser, sondern bilde die Summe einer Lehre, die über längere Zeit entstanden und weitergegeben wurde.

Zum anderen hat dieses Buch »Vom Sinn und Leben«, durch das allein Auskünfte über die Lehre Laotses möglich sind, gerade das »Nicht-Wissen«, das »Nicht-Handeln« zum Inhalt. Es gründet in der Überzeugung, die Grundprinzipien des Lebens seien in Worten überhaupt nicht auszudrücken und jede Beschreibung müsse zwangsläufig in Widersprüchen enden. Dass es trotzdem zu zahlreichen Legenden um den Autor des Buches Laozi gekommen ist, liegt an dem Bedürfnis, für eine Lehre auch einen Meister ausweisen zu können.

Laotse, undatierte Tuschzeichnung aus China.

Unbestritten ist im Falle Laotses jedenfalls der geschichtliche Hintergrund. Das Buch muss in der Zeit zwischen dem 5. und dem 3. Jahrhundert v. Chr. entstanden sein, während einer Phase des chinesischen Großraumes, die bezeichnenderweise als »Zeit der

»Der Sinn, der sich aussprechen lässt, ist nicht der ewige Sinn. Der Name, der sich nennen lässt, ist nicht der ewige Name. ›Nichtsein‹ nenne ich den Anfang von Himmel und Erde.«
›Tao Te King‹

streitenden Reiche« benannt wird. Es ist der gleiche Zusammenhang, aus dem heraus auch die Tugendlehre des Konfuzius entstanden ist; und so hat man in der Überlieferung aus Laotse einen Zeitgenossen des Konfuzius gemacht, dem er sogar persönlich begegnet sein soll, was jedoch höchst unwahrscheinlich ist.

Richtig an dieser Erzählung ist nur, dass es deutliche Parallelen zwischen dem Begründer des Konfuzianismus und des Taoismus gibt. Beide gehen von dem Begriff des Weges »Tao« (chin. *dao*) aus und suchen nach einer Antwort auf die Frage, wie gelingendes und sinnvolles Leben möglich ist. Für Laotse ist das Tao dabei eine unaussprechliche und unbegreifliche Größe, der Urgrund allen Lebens, von dem alles ausgeht und in das alles wieder zurückkehrt.

Diese abstrakte Größe des Tao ist durchaus im Sinne einer Gottheit zu interpretieren, und hier liegt auch der größte Unterschied zu Konfuzius. Die Verhaltensweise des weisen Menschen, der sich dem Tao nähern und die davon ausgehende Kraft (chin. *de*) nutzbar machen will, kann für ihn nur ein Weg des Verzichts sein – ein Verzicht vor allem auf Aktivitäten, die gegen den Lauf der Natur gerichtet sind. Die Vereinigung mit dem Tao, die der Weise auf seinem Weg sucht, wird nur durch konsequente Verweigerung jeder auflehnenden Aktivität erreicht, also durch ein systematisches Ausweichen oder Nichtstun. Dies führt zu einer Ruhe, die durchaus religiöse, ja mystische Qualität hat.

Als Inbegriff dieser Verweigerung, sich gegen den Lauf der Natur zu richten und beispielsweise gegen politisches Unrecht aufzulehnen, wird das Leben Laotses gezeichnet. Der Legende nach soll er das Land auf einem Wasserbüffel reitend gen Westen verlassen haben. An der Grenze wurde er von einem Wächter gehalten, seine Lehre aufzuschreiben, woraufhin er das Buch mit exakt 5000 Schriftzeichen übergab.

Im Volksglauben wurde seine Gestalt durch Legendenbildung immer stärker vergöttlicht, so soll er beispielsweise von einem Lichtstrahl gezeugt worden sein und bereits mit weißen Haaren – als Ausdruck der angeborenen Weisheit – zur Welt gekommen sein (Laotse = chin. *Lao Zi*, »alter Meister«). Überlieferungen, denen zufolge Laotse im Westen als Buddha wiedergeboren sein soll, entstammen einer späteren Zeit und zeugen von dem wechselwirkenden Einfluss, den Taoismus und Buddhismus aufeinander ausgeübt haben.

Konfuzius (551–479 v. Chr.)

»Erst handelt er, wie er denkt; dann spricht er, wie er handelt« – auf diese kurze Formel bringt Konfuzius das Wesen des edlen Menschen. Das Zusammenwirken von Denken und Handeln, gewissermaßen die Harmonie von Kopf und Fuß, findet im Begriff des Weges »Tao« (chin. *dao*) seinen unmittelbaren Ausdruck; diesen Weg des tugendsamen Menschen zu bestimmen, ja allgemein gültige Kriterien dafür aufzustellen, war die Lebensaufgabe des chinesischen Gelehrten. Im Jahre 551 v. Chr., also zur Zeit der Zhou-Dynastie, wurde er als Sohn einer angesehenen, aber eher armen Familie in Qufu geboren, einer kleinen Stadt in der Provinz Shandong.

Sein Vater starb früh, so dass sich Konfuzius zunächst als niederer Beamter durchschlagen musste. Erst später stieg er auf und bekleidete für kurze Zeit sogar das Amt eines Justizministers. Aber offenbar war sein Anliegen, die Tugendlehre in politische Praxis umzusetzen, zunächst nicht gerade von Erfolg gekrönt. Am Ende seines Lebens findet man ihn wieder in seiner Heimatstadt, und zwar als Meister einer selbst gegründeten Schule, in der er wahrscheinlich 22 Schüler um sich geschart hatte.

Nach seinem Tod im Jahre 479 v. Chr. erregen seine Ideen Unmut und sogar offene Empörung. Noch im 3. Jahrhundert v. Chr. werden die Bücher mit seinen Gedanken verboten und öffentlich verbrannt. Erst 200 Jahre später erhält Konfuzius die Anerkennung, die er in China bis auf den heutigen Tag genießt.

Wiederholt ist die These aufgestellt worden, dass der Konfuzianismus mit seiner Betonung der Gruppe vor dem Individuum und seinen patriarchalischen Strukturen im Gegensatz zur Demokratie stehe. Das Ausbleiben demokratischer Entwicklungen in China könnte so als Folge der konfuzianischen Grundhaltung erklärt werden. Demgegenüber wird beispielsweise von Francis Fukuyama die hohe Bedeutung von Toleranz und Bildung im Konfuzianismus als Voraussetzung für die Demokratie hervorgehoben. Tatsächlich hat sich der Konfuzianismus im Laufe der Geschichte stets in friedlicher Koexistenz mit Religionen wie Buddhismus, Taoismus und Christentum arrangiert.

Im Lebenslauf des Konfuzius sind einige interessante Parallelen zu Persönlichkeiten wie Sokrates und auch Jesus zu erkennen. Wie jene hat er keine Schriften hinterlassen, sondern sich fast ausschließlich dem Gespräch gewidmet. Als wichtigstes Werk des Konfuzianismus gilt deshalb eine von den Schülern als ›Gespräche‹ (*Lun Yu*) titulierte Textsammlung. Wie die Begründer der antiken Philosophie und des Christentums scharte Konfuzius eine Gruppe von Jüngern um sich, die später die Lehre weiterreichen konnten; wie viele abendländische Denker ist auch er zunächst gescheitert, um dann zum Gründer einer komplexen kulturellen Entwicklung zu werden.

Und doch sind die Unterschiede nicht minder groß: Bei Konfuzius handelte es sich weder um einen Religionsstifter noch um einen Philosophen, vielmehr versuchte er eine praktische und politische Ethik zu begründen, die Religion zwar akzeptiert, sie aber nicht benötigt.

Den Wertekanon, den er vermittelte, hielt er für naturgegeben, so wie die Tugenden der Weisheit, Güte, Treue, Ehrfurcht und des Muts im Einklang mit der Natur stehen, deshalb universelle Bedeutung haben und erlernt werden können. Entscheidend an seiner Tugendlehre war jedoch, dass er den einzelnen Menschen als ein in soziale Beziehungen verankertes Wesen begreift, die sich in bestimmten Umgangsformen erweisen. Beispielhaft führt er dabei die

Konfuzius, undatierter kolorierter Holzschnitt aus China.

hierarchischen Strukturen von Vater – Sohn, Herrscher – Untertan, Mann – Frau, Alte – Junge sowie die einzige gleichberechtigte Beziehung – jene zwischen zwei Freunden – an. Nur wenn diese Beziehungen in Harmonie zueinander stehen, kann das Zusammenleben der Menschen dem »himmlischen Gesetz« entsprechend gelingen.

Der Name Konfuzius ist übrigens erst durch die Jesuiten im 17. Jahrhundert gebräuchlich geworden. Dabei handelt es sich um eine lateinische Form des chinesischen Namens *Kong Zi*. Als die Jesuiten mit missionarischer Absicht nach China kamen, fanden sie allerdings schon einen stark veränderten Konfuzianismus vor. Seit

1530 war nämlich die religiöse Verehrung des *Kong Zi* staatlich angeordnet, Tempel zu seinen Ehren übersäten das Land, und die einst so weltlich sich gebende Tugendlehre hatte längst die Religionen des Taoismus und Buddhismus verdrängt.

Buddha (5./4. Jahrhundert v. Chr.)

Wenn ganz allgemein von Buddha gesprochen wird, ist damit in der Regel ein bestimmter Mensch gemeint, der als Begründer des Buddhismus gilt. Sein Name war Siddhartha Gautama, Sohn des Königs eines kleinen Stammes der »Shakya« in dem Grenzgebiet zwischen Nepal und Indien, weshalb er später auch als der »Buddha Shakyamuni« (der Erleuchtete aus dem Stamm der Shakyas) bezeichnet worden ist. Die Angaben seiner Lebensdaten sind widersprüchlich und werden entweder mit 560 bis 480 oder mit 448 bis 368 v. Chr. angegeben.

Als Prinz aus fürstlichem Geschlecht verbrachte er eine behütete Jugend in mehr oder weniger großem Luxus. Durch schockierende Begegnungen mit leidenden Menschen, die in die Überlieferung als die »vier Ausfahrten« eingegangen sind, wurde er in seinem sorglosen Leben irritiert und begann an der Sinnhaftigkeit des Lebens zu zweifeln. Unter dem Protest des Vaters verließ der inzwischen verheiratete Gautama den Palast, ließ Ehefrau und Sohn (*rahula*) zurück, um sich in die Lehre eines Meisters (*guru*) zu begeben.

Aber auch das Erlernen unterschiedlicher Meditationspraktiken und die strengste Askese brachten ihm keine Antwort auf die grundlegende Frage, welchen Wert das Leben habe sollte, wenn doch schon mit der Geburt unwiderruflich das Leiden an Alter, Krankheit und Tod beginnt und der Kreislauf der Wiedergeburten dieses Elend auch noch endlos erscheinen lässt. Nach sechs Jahren der vergeblichen Suche gab Gautama schließlich diesen Weg der radikalen Askese auf.

In einer »Nacht der Erleuchtung« hatte er daraufhin jene Erkenntnis, die ihm weiterhelfen sollte und durch die er zum Buddha wurde. Unter einem Feigenbaum (*Bhodi-Baum*) sitzend, durchlebte er zahlreiche Versuchungen, um schließlich den »mittleren Weg« als den richtigen zu erkennen. Weder die Selbstmarterung durch Askese noch die totale Hingabe an die sinnlichen Freuden des materiellen Lebens erschien ihm jetzt als sinnvolle Möglichkeit auf dem Weg zur Erlösung, sondern allein die ausgewogene Mitte von Weltoffenheit und geistiger Tiefe, durch die Erkenntnis und Befreiung von dem Leid zu erreichen sei.

In seiner ersten Predigt, die er nach diesem Erlebnis im Tierpark von Benares vor lediglich fünf Asketen hielt, legte Gautama schließlich den Grundstock zu seiner Lehre (der *dharma*). Danach sind es die »vier edlen Wahrheiten«, die einen Ausbruch aus dem ewigen Kreislauf der Wiedergeburten ermöglichen: 1. die Erkenntnis des Leidens im Leben, 2. die Erkenntnis der Entstehung des Leidens, 3. der Verzicht auf das Verlangen und 4. der Weg zur Vernichtung des Leidens. Der ständige Drang, an dem festzuhalten, was sowieso vergänglich ist und nicht gehalten werden kann, ist demnach der Grund dafür, dass die Menschen in einen Kreislauf des Leidens geraten. Nur wer sich von diesem Begehren lösen kann, findet Ruhe und Gelassenheit.

Im Prinzip steht dieser Weg der Erlösung allen Menschen offen, so dass auch jeder zum Buddha werden kann, Gautama ist nur jener Buddha, der diesen Weg vorgegangen ist und das »Rad der Lehre« angedreht hat. Um ihn von anderen Buddhas zu unterscheiden, wird er – als Buddha Shakyamuni – in den Darstellungen stets mit den gleichen Attributen versehen: Er sitzt im Mönchsgewand in Meditationshaltung (Lotus-Sitz), und seine rechte Hand berührt die Erde (gemeint ist damit die Anrufung der Erdgöttin Bhumi, die in der Nacht der Versuchung sein tugendhaftes Leben bezeugen sollte). Er selbst trägt keinerlei Schmuck, allein die lan-

Die weltweit größte Buddha-Skulptur (71 Meter) in Leshan, Zentralchina.

Buddhismus in Deutschland

Schon seit dem 19. Jahrhundert begann sich der Buddhismus auch in Europa auszubreiten. Zunächst waren es die Intellektuellen, die sich für die philosophischen Aspekte interessierten, später kamen Buddhisten aus den asiatischen Ländern hinzu, die eigene Gemeinden gründeten. Die meisten flüchteten infolge des Vietnamkrieges als »Boatpeople« nach Deutschland. Heute rechnet man mit ca. 175 000 Buddhisten in Deutschland, davon 70 000 aus Vietnam, 25 000 aus Thailand, 30 000 aus anderen asiatischen Ländern und 50 000 Deutschen. In der Deutschen Buddhistischen Union (DBU) sind derzeit 55 Gemeinschaften vertreten.

gen Ohren sollen an die Zeit des Prinzen erinnern, als er noch kostbare Ohrringe trug.

Schnell verbreitete sich die Lehre Gautamas, aus den fünf ersten Schülern wurde allmählich eine große Gemeinde (die *sangha*), der sich alle anschließen konnten, die das Gelöbnis in der dreifachen Bekenntnisformel ablegten: Ich nehme meine Zuflucht zum Buddha, zu dem *dharma* und zu der *sangha*.

Im hohen Alter starb Buddha Shakyamuni an den Folgen einer Ruhrerkrankung. Er ermahnte seine Schüler noch einmal, den eingeschlagenen Weg einzuhalten, das »Rad der Lehre« weiterzudrehen. Dann ging er, eigenen Worten zufolge, ins *Nirwana* ein, womit er eine Form des Daseins meinte, die jenseits von Existenz und Nicht-Existenz liegt und den Kreislauf der Wiedergeburten definitiv beendet.

Hiob (um 5. Jahrhundert v. Chr.)

Es gehört zu den grundlegenden Erfahrungen frommer und auch weniger frommer Menschen, die Gerechtigkeit Gottes in Zweifel zu ziehen. »Warum lässt er das zu?«, fragt man sich angesichts dramatischer Schicksalsschläge und großer Katastrophen. Wenn der Schöpfergott doch als allmächtig, barmherzig und gegenwärtig gilt, warum trifft das Schicksal auch die Unschuldigen, warum lässt Gott das Böse überhaupt zu?

Diese Frage ist das Ergebnis eines Prozesses, in dem die Menschen eine Mündigkeit gegenüber der göttlichen Instanz entwickeln. In der Gestalt des Hiob wird diese Mündigkeit zur Person, das Buch Hiob aus dem Alten Testament gilt deshalb als das wohl bedeutendste Zeugnis eines Menschen, der nach dem Sinn des Leidens fragt und um religiöse Antworten ringt. Bezeichnend ist ebenfalls, dass es sowohl im Christentum als auch im Judentum und im Islam aufgegriffen und durch zahlreiche Legenden ergänzt worden ist.

Ob sich hinter der literarischen Gestalt des Hiob auch eine historische Persönlichkeit verbirgt, ist letztlich nicht mit Klarheit zu sagen. Das Buch stammt aus dem 5. Jahrhundert v. Chr. und beschreibt den Lebensweg eines wohlhabenden Mannes, der ein gottesfürchtiges Leben führte. Sein Wohnort wird mit dem Lande Uz angegeben, das mit dem Haurangebirge 100 km östlich vom See Genezareth identisch sein dürfte und somit auf dem Weg zwischen Jerusalem und Babylon liegt. Hiob war kein Israelit, und auch seine Freunde gehörten nicht zum Volk Israel.

Ohne ersichtlichen Grund ändert sich mit einem Mal das Schicksal, und der ehedem so erfolgreiche und glückliche Hiob wird von allen erdenklichen Schicksalsschlägen getroffen: Zunächst verliert er sein Vermögen, dann seine zehn Kinder, er bekommt eine ansteckende Krankheit und wird aus der Gemeinschaft ausgeschlossen. Am Ende sitzt er als Aussätziger in Sack und

Hiob, Darstellung von Albrecht Dürer,
Jabach-Altar, um 1500–1503.

Asche vor den Toren der Stadt und beginnt an seinem Glauben und
an der Gerechtigkeit Gottes zu zweifeln. Für seine Umwelt ist es
klar, dass die Ursache für diese Not bei ihm selbst liegen muss.
Auch seine Freunde vermuten eine verborgene Schuld, da in ihrer
Vorstellung Gott nicht derart ungerecht handeln kann.

Im Hiobbuch wird die Schilderung dieses Lebensweges in eine
Rahmenhandlung eingebettet, der zufolge Gott mit Satan darum
gewettet hatte, inwieweit die Frömmigkeit der Menschen nur auf

»Wie kann ein Mensch Recht haben vor Gott? ... Wollte ich ihn vor Gericht
ziehen, er stünde nicht Rede, ich kann nicht glauben, dass er mich hörte ...
gilt es das Recht, wer wollte ihn vorladen?«
Hiob 9

Berechnung beruhe, so dass sie, des Wohlstands beraubt, auch ihren Glauben verlieren würden. Diese ursprünglich selbständige Rahmenhandlung ermöglicht ein positives Ende, so dass Hiob letztlich vollkommen rehabilitiert wird und alles Verlorene zurückerhält.

Hiobs Schicksal markiert das Ende der alttestamentlichen Weisheit und zeigt die Grenzen des traditionellen Gottesbildes. Seine Klage wird wie eine Gerichtsverhandlung dargestellt, bei der Gott selbst vor den Richter zitiert wird und sich rechtfertigen soll. Deutlich wird dabei, dass es keine unmittelbare Entsprechung zwischen dem Tun eines Menschen und seinem Ergehen gibt und auch der untadelige Lebensstil keine Garantie darstellt. Diese Krise des alten Glaubens an einen gerechten Gott kann auch das Buch über Hiob nicht auflösen. Es gibt letztlich keine Antwort, man hat sich mit der Erkenntnis zu begnügen, dass die Gerechtigkeit Gottes den Menschen prinzipiell verborgen bleiben muss. Für die Religionsgeschichte und die Philosophie ist die Frage nach der verborgenen Gerechtigkeit Gottes (*Theodizee*) jedoch zu einer bleibenden Herausforderung geworden, die auch in der Psychoanalyse, der Literatur und Malerei immer wieder Gegenstand der Betrachtung wurde.

Sokrates (470 – 399 v. Chr.)

Als Sohn eines Bildhauers und einer Hebamme wurde Sokrates 470 v. Chr. in Athen geboren. Beiden Elternteilen eiferte er auf seine Art nach, denn zunächst ergriff er den Beruf des Vaters, wandte sich aber schon bald der Philosophie zu, die er als »Hebammenkunst« begriff.

Dieses Verständnis von einer »geistigen Geburtshilfe« gibt Aufschluss über seinen Ansatz: In der Tat ging Sokrates davon aus, dass Erkenntnisse über das Wahre und Schöne nicht im Sinne

Sokrates, Büste aus dem 1. Jh. n. Chr.

einer Belehrung zu erzielen seien, sondern allein durch eigenes Nachdenken gefunden werden. Seine Tätigkeit als Philosoph beschränkte sich darauf, durch geschicktes Nachfragen zu einer Klarheit der Begriffe zu führen, indem er zunächst durch Irritation die Vorurteile abbaute, um erst nach dem Eingeständnis der entsprechenden Schlussfolgerungen (»Ich weiß, dass ich nichts weiß«) die in der Seele eines jeden Menschen ruhenden allgemein gültigen Begriffe zum Bewusstsein zu bringen (»sokratischer Dialog«). In diesem Sinne gehören Tugend und Wissen bei Sokrates tatsächlich zusammen.

Bezeichnend ist, dass Sokrates weder eine Schule gründete, wie es zu der Zeit durchaus üblich war, noch Schriften verfasste. Alles, was wir heute über den Ahnherren der antiken Philosophie wissen, ist mittelbar durch die Zeugnisse seiner Schüler Plato und Xenophon oder durch Anmerkungen seiner Gegner überliefert. Beide Wege sind nicht unproblematisch, denn diesen ging es vor allem um unsachliche Polemik, jenen aber darum, ihren Lehrer in einem guten Licht erscheinen zu lassen. Speziell Plato erweiterte den Ansatz des Sokrates derart, dass im Grunde genommen in diesem Falle vom »platonischen Sokrates« gesprochen werden muss.

Die herausragende Stellung, die Sokrates innerhalb der Philosophie einnimmt, lässt sich darauf zurückführen, dass er wie keiner seiner Vorgänger den Menschen zum Gegenstand seiner Überlegungen machte und dabei versuchte, den Weg eines tugendsamen Lebens, unabhängig von den Traditionen, allein durch die Vernunft zu beleuchten. Sokrates hat diesen Ansatz konsequent nicht nur in Worten, sondern auch durch das eigene Leben ausgedrückt.

Deutlich wird das am Ende seines Lebens: Im Jahre 399 wurde Sokrates als Siebzigjähriger angeklagt und mit knapper Mehrheit zum Tode durch den Schierlingsbecher verurteilt. Der dabei erhobene Vorwurf, fremde Götter verehrt und die Jugend verführt zu haben, erscheint erst dann plausibel, wenn berücksichtigt wird, dass einige seiner Schüler mit Sparta, also den Feinden Athens, sympathisiert und sich im Zuge der kurzfristigen Herrschaft des Militärs über Athen an die Spitze einer antidemokratischen Bewegung gesetzt hatten. Sokrates wurde also weniger für seine Lehre als vielmehr für deren Auswirkungen bestraft. Die Gelassenheit,

Der Verführung der Jugend und Einführung neuer Götter angeklagt und zum Tode verurteilt, verbringt Sokrates seine letzten Tage im Gefängnis. In dem Dialog ›Kriton‹ schildert Platon den Abend vor der Vollstreckung des Urteils. Einige der Schüler sind zu ihrem Meister in die Zelle gekommen und versuchen, ihn im letzten Moment noch zur Flucht zu bewegen. Kriton bietet sogar finanzielle Unterstützung und versucht in einer flammenden Rede, die Flucht vor dem skandalösen Urteil als legitimes Mittel herauszustellen. Aber Sokrates verwickelt ihn in eine Diskussion und beweist schließlich, dass das Trinken des Schierlingsbechers für ihn weder mit Furcht verbunden ist noch eine Alternative zulässt. Schon in seiner Verteidigungsrede hatte er dem Richter entgegengehalten: »Es ist Zeit, dass wir gehen: ich, um zu sterben, und ihr, um zu leben. Wer aber von uns beiden zu dem besseren Geschäft hingehe, das ist allen verborgen außer nur Gott.«

mit der er – gemäß dem Motto, »es ist besser, Unrecht zu erleiden, als Unrecht zu tun« – den Giftbecher entgegennahm, hat ihn als Lehrer der Tugend unsterblich gemacht.

Platon (427 – 347 v. Chr.)

Der Philosoph A. Whitehead hat einmal behauptet, dass die gesamte Philosophie eigentlich nur aus Fußnoten zu Platon bestünde. Diese Charakterisierung ist insofern treffend, als der um das Jahr 427 v. Chr. in Athen geborene Platon tatsächlich alle wichtigen Themen, mit denen sich Philosophie beschäftigt, zumindest in

Platon,
Büste aus dem 2. Jh. v. Chr.

Die wichtigsten überlieferten Dialoge Platons

›Euthyphron‹ – über Frömmigkeit und Gerechtigkeit
›Nomoi‹ – über Gesetze und gerechte Politik (die Polis)
›Gorgias‹ – über das gelingende Leben und das Glück des Menschen
›Menon‹ – über die Lehrbarkeit der Tugend
›Phaidon‹ – über die Unsterblichkeit
›Phaidros‹ – über die Seele
›Sophistes‹ – über das Seiende
›Symposion‹ – über den Eros
›Theaitetos‹ – über Erkenntnis
›Timaios‹ – über die Welt und ihre Entstehung.

ihrem Kern angesprochen und in der Problemstellung systematisch erfasst hat.

Warum der Sohn einer einflussreichen Familie der Oberschicht sich ausgerechnet geistigen Fragen, der wahren Bedeutung von Begriffen und der daraus folgenden rechten Lebensführung widmete, mag zunächst eher erstaunlich wirken. Erklären lässt sich dieser Umstand aus den politischen Verhältnissen, denn Platon wuchs in Kriegszeiten auf. Der Peloponnesische Krieg (431 bis 404), in dem die Athener gegen die Spartaner im Kampf um die Vorherrschaft im griechischen Raum unterlagen, bot keine günstige Gelegenheit, um in die Politik zu gehen. Im Gegenteil erlebte Platon hautnah, wie die Demokratie Athens nicht nur an der militärischen Übermacht Spartas scheiterte, sondern auch am Ränkespiel der eigenen Politiker.

Da deren Macht wesentlich von den rednerischen Fähigkeiten abhing, gewann die philosophische Schule der Sophisten an Einfluss – sie vertrat die Ansicht, dass Werte nur relativ und stets an den eigenen Zwecken ausgerichtet seien. Um diese durchzusetzen, müsse die Technik der Überredungskunst perfektioniert werden.

Dagegen richtete sich Platon mit dem Ansinnen, ethische Werte auf ihren Wahrheitskern zu befragen, sie allgemein gültig zu definieren, um somit auch die Politik auf eine solide Basis zu stellen. Das allerdings konnte nach seiner Überzeugung lediglich dadurch gewährleistet werden, dass sich auch die Politiker der Wahrheit verpflichtet wissen oder, anders ausgedrückt, sie zu Philosophen würden.

In diesem Bemühen um wahre Erkenntnis entwickelte Platon seine »Ideenlehre«. Sie besagt, dass im Gegensatz zu den einzelnen Erscheinungen lediglich der Begriff einer Sache allgemein gültigen Wert hat. Allein über die genaue Bestimmung der Begriffe und somit über die hinter den Erscheinungen liegenden »Ideen« lässt sich also Wahrheit erkennen und der Weg eines tugendsamen Lebens beschreiben, der nicht nur dem Allgemeinwohl dient, sondern auch zur Glückseligkeit führt. Dabei sind die Ideen aber nicht nur abstrakte Denkgrößen, sie müssen wirklich gegeben sein – also objektive Realität haben, obwohl wir sie sinnlich nicht direkt wahrnehmen können. Als der höchste Begriff gilt Platon die »Idee des Guten«, die Ziel der gesamten Philosophie ist und dabei durchaus mit dem höchsten Wesen (Gottheit) identifiziert werden kann.

Maßgeblich für den Werdegang Platons war die Begegnung mit Sokrates, ihm, zu dessen Schülerkreis er bereits im Alter von 20 Jahren gehört hatte, blieb er zeitlebens verpflichtet. Als er um das Jahr 387 in einem Garten am Rande Athens eine Schule (die »Akademie«) gründete, wollte er den Ansatz seines Lehrers, dem zufolge das Philosophieren in der Methode des Nachfragens besteht und nicht in der Vermittlung bestimmter Inhalte, in die Tat umsetzen. Auch in seinen Schriften, die ausnahmslos erst nach dem Tod des Sokrates verfasst sind, ist es Sokrates, der als Lehrer der Weisheit auftritt. Dabei ist es nicht nur ein Stilmittel, wenn sie bis auf eine Ausnahme (›Apologie‹) alle in Dialogform verfasst sind, sondern Ausdruck der Philosophie als Methode des konsequenten Hinterfragens.

Aristoteles (384–322 v. Chr.)

Aristoteles, die dritte große Persönlichkeit der antiken griechischen Philosophie, wurde 384 v. Chr. als Sohn des Leibarztes Nikomachos am mazedonischen Hof geboren. Wahrscheinlich ist es auf die Einflüsse des Vaters zurückzuführen, dass Aristoteles schon früh ein besonderes Interesse für Natur und die Naturwissenschaften entwickelte, was ihn bei der Entfaltung seines eigenen philosophischen Systems maßgeblich beeinflusste. Erst als Jugendlicher im Alter von 18 Jahren kam er nach Athen, machte dort Bekanntschaft mit den philosophischen Schulen und schloss sich der Akademie Platons an, der er bis zu dessen Tod angehörte. Im Jahre 343 folgte er dem Ruf des Königs Philipp II. an den mazedonischen Hof zur Erziehung des Thronfolgers Alexander – eine Entscheidung, die sich im Alter als verhängnisvoll auswirken sollte. Erst 335, nachdem Alexander, der später »der Große« genannt wurde, die Regierungsgeschäfte seines Vaters übernommen hatte, kehrte Aristoteles nach Athen zurück und gründete dort seine eigene Schule.

Als »Peripatetiker« (wörtl. Umherwandelnde) wurden seine Schüler bezeichnet, und diese Charakterisierung bietet zugleich zwei verschiedene Deutungsmöglichkeiten: Zum einen mag sie

Aristoteles, Büste aus dem 1. Jh. v. Chr.

»Aristoteles war sicherlich ein Gelehrter, wohl der größte aller Zeiten, aber an erster Stelle war er ein tiefer Denker. Dass er einen unermesslichen Stoff einfachen Gedanken unterworfen und mit ihnen der Arbeit von Jahrtausenden ihre Bahn vorgezeichnet hat, das bildet den Kern seiner Größe.«
Rudolf Eucken

sich auf den Ort der Schule beziehen, denn Aristoteles pflegte seine Schüler in der Wandelhalle (*Peripatos*) eines Gymnasiums zu unterrichten. Zum anderen aber gibt der Name der Schule auch einen Hinweis auf den Grundzug seines Denkansatzes: Im Umhergehen stellte Aristoteles nämlich Beobachtungen an und machte dabei die Erfahrung zu einer wichtigen Grundlage der Erkenntnis.

Im Unterschied zu seinem Lehrer Platon, der von einer jenseitigen und sinnlich nicht zu erfassenden Welt der Ideen ausging und die Erkenntnis der Wahrheit allein auf die Kraft der Vernunft und das Durchdenken von Begriffen zurückführte, wollte Aristoteles die Ideenwelt und die Welt der sinnlich wahrnehmbaren Materie enger miteinander verbinden. Schon deshalb galten ihm die genauen Beobachtungen – etwa der Pflanzen- und Tierwelt, der Sterne in ihrem kosmischen System, der Bedingungen des zwischenmenschlichen Zusammenlebens wie auch der Möglichkeiten der Sprache – als unerlässliche Vorbedingung für die Einsicht in die wahre Natur der Dinge.

Zwar stimmte Aristoteles darin seinem Lehrer Platon zu, dass durch die Beobachtung des einzelnen Phänomens niemals allgemein gültige Aussagen und wirkliches Wissen zu erreichen sei; denn allzu trügerisch ist die Sinneswahrnehmung, und Wissenschaft müsse überdies den Anspruch auf das Allgemeingültige haben und dürfe sich nicht auf das Einzelne beschränken. Aber dennoch war er sich sicher darin, dass sich dieses allgemein gültige Wissen nur von der Beobachtung des Einzelnen ausgehend entwickeln lasse. Auf diese Weise schuf Aristoteles, der »Vielschreiber«

und unermüdliche »Leser«, eine philosophische Grundlage, auf der sich Disziplinen wie die Logik, die Ethik, aber auch die Naturwissenschaften entwickeln konnten. Er ist damit zum Ahnherrn der Wissenschaft und der wissenschaftlichen Philosophie geworden.

Trotz dieser Verdienste wirkte sich im Alter seine ehemalige Beziehung zum mazedonischen Königshaus nachteilig aus. Nach dem Tod Alexanders wurde Aristoteles in Athen der Gottlosigkeit angeklagt und zur Flucht genötigt, wobei der Vorwurf der Kollaboration mit den verhassten Mazedoniern eine Rolle gespielt haben dürfte. Im Exil starb er ein Jahr später (322) an einem Magenleiden.

Jesus (um 4 v. Chr. – 30 n. Chr.)

Alljährlich feiert die Christenheit weltweit die Geburt Jesu in einer Krippe im Stall zu Bethlehem. Diese als »Weihnachten« bezeichneten Tage genießen eine Popularität wie kein anderes Fest und werden von zahlreichen Traditionen der Volksfrömmigkeit umrankt. Bis ins Detail wird die Geburtsgeschichte ausgeschmückt, weder die Hirten vom Felde noch die drei Heiligen aus dem Morgenland dürfen fehlen. Dennoch ist es in der Forschung unbestritten, dass Jesus, der Sohn eines Zimmermanns, nicht in Bethlehem, sondern in Nazareth zur Welt kam. Da dieses Ereignis in die Regierungszeit König Herodes d. Gr. fällt, kann es spätestens im Jahr 4 v. Chr. stattgefunden haben.

Der Ort Bethlehem ist offensichtlich eine nachträgliche Lesart, um den Messias als Spross aus dem Stamme Davids auszuweisen, so wie es in der Prophezeiung Jesajas vorgegeben ist. Nicht unerheblich ist dabei allerdings die Tatsache, dass die Geburt des Messias unter ärmlichsten Umständen geschildert wird, die Krippe somit mehr theologisches Programm als historische Tatsache ist. Gott selbst wird als Mensch geboren und verspricht insofern Erlösung,

Undatierte Christus-Ikone aus Kalumpari, Griechenland.

als er das Leiden der Menschen auf sich nimmt. Ebenso dürften die sich um die Geburtsgeschichte rankenden Erzählungen (Kindermord zu Bethlehem) als Legende eingestuft werden oder aus anderen Zusammenhängen (einer Volkszählung) übertragen worden sein.

Über die Kindheit Jesu ist relativ wenig überliefert, zu erfahren ist jedoch, wie er schon als Zwölfjähriger eine bemerkenswerte Eigenständigkeit im Handeln wie auch in den Gedanken an den Tag legte. Zu seiner Familie, der Mutter Maria und den Geschwistern (namentlich sind die Brüder Jakobus, Josef, Simon und Judas genannt), hielt er Distanz und verlangte später auch von seinen Jüngern, dass sie ihre Familienbindungen aufgeben sollten, um ihm folgen zu können. Von dem Vater bzw. Ziehvater Josef ist in den biblischen Berichten so gut wie gar nicht die Rede. Einerseits deutet einiges darauf hin, dass er schon früh verstorben ist; andererseits hat sich das im Glaubensbekenntnis niedergeschlagene Dogma von der jungfräulichen Geburt, das den heiligen Geist als eigentlichen Vater nennt, dazu geführt, dass Josef weitgehend anonym zu bleiben hatte.

Als Jugendlicher scheint Jesus sich der Bewegung um den Täufer Johannes angeschlossen zu haben. Von ihm wurde er jedenfalls im Jordan getauft und übernahm die Botschaft zur Buße und Umkehr, um auf das kommende Gottesgericht vorbereitet zu sein. Allerdings wird der Ansatz des Johannes in einem wichtigen Punkt durch Jesus verändert: Zwar geht auch dieser von einer schon bald

In der Bergpredigt sind die Grundaussagen Jesu über das neue Leben in der Gottesherrschaft zusammengefasst, sie gilt deshalb als Summe aller christlichen Ethik. Neben dem Vaterunser und den Seligpreisungen gehört das Gebot der Nächstenliebe zum Kern dieser Botschaft: »Ihr habt gehört, dass gesagt ist, ›Du sollst deinen Nächsten lieben und deinen Feind hassen‹. Ich aber sage euch: Liebet eure Feinde und bittet für die, welche euch verfolgen, damit ihr Söhne eures Vaters in den Himmeln seid!«
Matthäus 5

nahenden Gottesherrschaft aus, aber Jesus deutet das im Sinne einer Heilszusage. Daraus leitet er auch sein Liebesgebot ab, das nun nicht mehr allein dem Nächsten, sondern sogar den Feinden gelten soll und den Kern seiner Ethik darstellt. In Gleichnissen vermittelt er seinen Jüngern, zu denen nicht nur Männer, sondern überdies viele Frauen gehörten, die Vergebungsbereitschaft Gottes, die auch und gerade den Sündern gilt. Nicht zuletzt dieser Umgang mit den unter Juden als »unrein« geltenden Menschen, denen er in wundersamen Heilungen direkt hilft, führt zum Protest der gesetzestreuen »Pharisäer«.

Als Jesus im Jahr 30 n. Chr. zum Passah-Fest nach Jerusalem zieht, kommt es zum Eklat: Die den Tempelkult bestimmenden »Sadduzäer« lassen ihn verhaften und klagen ihn der Gotteslästerung an. Da das Religionsgericht (*Synhedrion*) selbst keine Todesstrafen verhängen darf, wird Jesus dem römischen Präfekten Pontius Pilatus übergeben. Dieser wiederum verurteilt ihn als politischen Aufrührer und lässt ihn am Kreuz hinrichten. Mit seinem Tod scheint auch sein Anliegen endgültig gescheitert. Die Jünger flüchten und leugnen alle Verbindungen. Erst die Kunde von dem leeren Grab, die sich drei Tage später verbreitet, führt zum Glauben an den auferstandenen Christus.

Petrus (um das Jahr 0 – 64 n. Chr.)

Petrus ist die herausragende Gestalt unter den Anhängern Jesu. Er war es, der als Erster zum Jünger berufen wurde, immer wieder trat er als Sprecher der Zwölf auf, begegnete dem Auferstandenen zuerst und wurde schließlich nach dem Tode Jesu zum Leiter der christlichen Urgemeinde ernannt.

Über seine Lebensgeschichte sind zahlreiche Details bekannt, so weiß man, dass er der Sohn eines Fischers mit dem Namen »Jo-

nas« war. Er wuchs in der mit-
telgroßen Stadt Betsaida am
See Genezareth auf und er-
lernte dort, zusammen mit
seinem Bruder Andreas, den
Beruf des Vaters. Betsaida lag

»Du bist Petrus, und auf diesen Felsen
will ich meine Kirche bauen, und die
Pforten des Totenreichs werden nicht
fester sein als sie.«
Matthäus 16,18

damals an der Via Maris, der wohl wichtigsten Handelsstraße des
Vorderen Orients, so dass er bereits durch seinen Heimatort mit
verschiedenen Kulturen bekannt wurde und wahrscheinlich meh-
rere Sprachen beherrschte.

Schon sein Name legt davon Zeugnis ab, denn ursprünglich
hieß er Simon bzw. Symeon, erst durch Jesus erhielt er den Namen
»Kephas«, was so viel bedeutet wie »Fels«, der dann aber in der
griechischen Übersetzung als Petros bzw. römisch als Petrus bekannt wurde.

Jesus dürfte er über den Sympathisantenkreis Johannes des
Täufers, zu dem er gehörte, kennen gelernt haben, auf jeden Fall
war er wohl dabei, als dieser Jesus im Jordan taufte. Zu diesem Zeitpunkt war er bereits verheiratet und lebte offensichtlich in dem
Haus seiner Schwiegermutter in Kapernaum. Die Grundmauern
dieses Hauses sind vor einiger Zeit von Archäologen freigelegt und
rekonstruiert worden, so dass man heute weiß, dass sich hier auch
ein früher Versammlungsort der Jünger befand, der später zu einer
Kapelle umgebaut worden ist.

Sein durch Jesus begründeter Name »Petrus« hat Anlass zu kirchengeschichtlich vertrackten Spekulationen gegeben. Eindeutig
ist, dass Jesus ihn als »Fels« bezeichnete, auf den er seine Kirche
(»Ekklesia«) bauen wollte. Strittig ist dagegen, ob aus dieser privilegierten Stellung des Jüngers eine auf Dauer angelegte Bestimmung des Amtes abgeleitet werden kann, wie es die katholische
Lehre besagt.

Auf jeden Fall kann sich die Charakterisierung als Fels nicht
auf sein persönliches Verhalten beziehen, denn da erwies sich Petrus eher als wankelmütig: So verleugnete er Jesus in der Nacht, als

Petrus' Entgegennahme der
Kirchenschlüssel, Bibel-
illustration aus dem 11. Jh.

dieser verhaftet werden sollte, gleich drei Mal »noch ehe der Hahn
krähte«. Daher wird er seitdem auch mit dem Attribut des Hahns
als Erinnerung an diesen Verrat dargestellt. Das andere Zeichen,
mit dem er in der Regel abgebildet wird, ist der Schlüssel, der die
»Schlüsselgewalt« symbolisieren soll, die Petrus durch Jesus erhalten hat (»Ich will dir die Schlüssel des Himmels geben«).

Um das Jahr 43 soll Petrus zum Tode verurteilt worden sein,
aber offensichtlich entkam er der Haft, denn auf dem ersten Konzil
der Apostel in Jerusalem im Jahr 48 trat er neben Jakobus, dem Bruder Jesu, als Wortführer der Jerusalemer Gemeinde auf. Sein Kon-
trahent war damals Paulus, der sich vehement für die Mission unter
den Heiden einsetzte – eine Forderung, der Petrus dann auch
nachkam. Seine letzten Lebensjahre verbrachte er auf jeden Fall als
Bischof in Rom, dort wurde er unter Kaiser Nero (um 64) als Mär-

tyrer hingerichtet. An sein Wirken erinnert bis heute die Peterskirche, obwohl nicht eindeutig bewiesen ist, dass das dort gefundene Grab auch tatsächlich authentisch ist.

Paulus (um das Jahr 0 – 60 n. Chr.)

Wie so manche der biblischen Gestalten hatte Paulus eigentlich einen anderen Namen: Als »Saulus von Tarsus« war er in der römischen Provinz Kilikien groß geworden und hatte den Beruf des Zeltmachers erlernt. Erst später, nachdem er sich zu den Christen bekannte, führte er den Namen Paulus, wobei dieser Wechsel, der sich in der sprichwörtlichen Redewendung »vom Saulus zum Paulus werden« wiederfindet, nicht nur für ein biografisches Detail, sondern für eine programmatische Entwicklung steht.

Im jugendlichen Alter ging er, der Sohn einer frommen jüdischen Familie, nach Jerusalem, um bei dem berühmten Pharisäer Gamaliel die Thora zu studieren. Besonders eifrig muss er dabei gewesen sein, denn später erzählt er selbst von sich, wie er zu einem geradezu fanatischen Verfolger der Anhänger Jesu geworden war.

Die entscheidende Wende kam mit einer Reise nach Damaskus, die Paulus mit Empfehlung des Hohenpriesters antrat, um die Anhänger Jesu als Abtrünnige zur Räson zu rufen oder auch mit entsprechenden Mitteln gegen sie vorzugehen. Dazu sollte es jedoch nicht kommen, denn noch bevor er Damaskus erreichte, geschah das, was Paulus in seinem Bericht als Bekehrungserlebnis schildert: Ein helles Licht ergriff ihn, ließ ihn zu Boden stürzen, und dann erschien ihm Jesus. Durch dieses Ereignis geläutert setzte er seine Reise fort, begann aber in Damaskus, entgegen seiner ursprünglichen Absicht, über Jesus als Sohn Gottes zu predigen. Aus dem Saulus war Paulus geworden.

Paulus, Mosaik in der Krypta des Petersdoms, Rom.

Das »Damaskuserlebnis« war für den später zum »Heidenmissionar« avancierten Apostel von besonderer Bedeutung. Obwohl nur ein paar Jahre jünger als Jesus, war er vor seiner Vision diesem offensichtlich doch nie persönlich begegnet – ein Umstand, der es ihm schwer machte, als gleichberechtigter Apostel anerkannt zu werden. Erst drei Jahre nach dem wegweisenden Ereignis in Damaskus ging Paulus nach Jerusalem, um dort Petrus und Jakobus, den Bruder Jesu, kennen zu lernen. Mit Petrus scheint ihn eine immerhin respektvolle Freundschaft verbunden zu haben, während vor allem Jakobus sein Bemühen um die Heidenmission eher mit Skepsis betrachtete.

Nachdem Paulus verschiedene Missionsreisen unternommen hatte, kam es in Jerusalem zu einer Auseinandersetzung um das

Verhältnis von Juden und Heiden in der christlichen Gemeinschaft. Im Rahmen eines Konventes aller Apostel (um 48 n. Chr.) konnte ein Kompromiss erarbeitet werden, wobei sich Paulus allerdings vehement dagegen wehrte, die alte Gesetzesfrömmigkeit auch nur ansatzweise zu übernehmen. Für ihn war es allein der Glaube an Jesus Christus, durch den der Mensch vor Gott gerecht gesprochen werde.

Im Anschluss an den Apostelkonvent verstärkte Paulus seine Missionstätigkeit und gründete zahlreiche Gemeinden u. a. in Galatien, Philippi, Thessaloniki und Korinth. Die Briefe, die er in dieser Zeit an die Gemeinden schrieb, reagieren auf aktuelle Probleme und entfalten dabei eine Theologie, die für die weitere Entwicklung des Christentums grundlegend geworden ist. Schon deshalb gehören diese Briefe zu den wichtigsten Schriften des Neuen Testaments.

Anlässlich eines Besuches in Jerusalem, den Paulus nutzte, um Kollektengelder abzuliefern, wurde er verhaftet und zu einer mehrjährigen Gefängnisstrafe verurteilt. Von dort brachte man ihn nach Rom, wo er höchstwahrscheinlich um das Jahr 60 n. Chr. den Märtyrertod gefunden hat.

Mit der Berufung des Paulus zum »Heidenapostel« wurde die Grundlage für eine Ausbreitung des Christentums in der ganzen Welt geschaffen. Diese Form der frühen Missionierung änderte sich jedoch, als das Christentum im 4. Jahrhundert zur Staatsreligion wurde. Vollends brachten die Kreuzzüge den Gedanken der Mission in Misskredit, da sie mehr auf militärische Gewalt setzten denn auf geistliche Aufklärung. Auch die Verknüpfung von Kolonialpolitik und Mission seit dem 16. Jahrhundert machte es notwendig, den Missionsgedanken für die Gegenwart neu zu bestimmen. Heute ist die durch Paulus begründete Ausbreitung des Christentums nicht mehr von der Notwendigkeit eines Dialogs der Religionen zu trennen.

Mohammed (um 570–632)

Noch immer sprechen viele Menschen von den »Mohammeda-
nern«, wenn sie die Anhänger des Islam meinen. Dieser Bezeichnung liegt jedoch eine falsche Interpretation zugrunde: Wenn
Christen sich auf Jesus Christus berufen, so tun sie es mit dem Anspruch, dass es sich dabei um den Sohn Gottes, also um Gott selbst
handelt. Mohammed, der Begründer der islamischen Religion, wird
jedoch von seinen Anhängern als Prophet und Gesandter Gottes
verehrt und bleibt dabei ganz und gar Mensch. Nicht an ihn richtet
sich der Glaube, sondern allein an die durch ihn überbrachte
Offenbarung.

Geboren wurde Mohammed um das Jahr 570 n. Chr. in der arabischen Stadt Mekka. Seine Eltern starben schon sehr früh, so dass
er bei Großvater und Onkel in einer angesehenen Kaufmanns-
familie aufwuchs. Sein Leben verlief in den ersten 40 Lebensjahren
relativ normal; er heiratete – wie es durchaus üblich war – eine
Kaufmannswitwe (*Khadidscha*), bei der er zuvor im Dienst gestan-
den hatte, und konnte auf ein sorgloses Leben gefasst sein.

Erst im fortgeschrittenen Alter erlebte er während einer Fasten-
aktion in einer Höhle auf dem Berg »Hira« bei Mekka eine Vision.
Der Erzengel Gabriel (*Dschibril*) erschien ihm und nötigte ihn,

Der Legende zufolge soll Mohammed eines Nachts auf dem himmlischen
Pferd reitend von Gabriel nach Jerusalem geführt worden sein. Von dort
brachte der Erzengel ihn in die Hölle, den Himmel und schließlich in das
Paradies. Dort bekam er Einsicht in die Höllenstrafen und erhielt von Gott
die Auflage, täglich Gebet zu halten, um diesen Strafen zu entgehen. Allerdings konnte Mohammed die zunächst geforderte Zahl von 50 Gebeten
letztlich auf fünf reduzieren. Diese regelmäßigen Tagesgebete sind bis
heute den gläubigen Moslems auferlegt. Im Islam gilt Mohammed als Prophet (*Nabi*) und der letzte Gesandte Gottes (*Rasul*), nach dem kein weiterer mehr kommt.

Mohammed, Flucht nach Yatrib, Illustration einer Handschrift, 16. Jh.

Verse von einem Tuch zu lesen. Vom Lesen dieser Worte göttlichen Ursprungs leitet sich der Begriff »Koran« (wörtl. Lesung) ab. Immer wieder ereigneten sich diese Visionen, so dass über die Jahre ein ganzes Kompendium göttlicher Weisungen entstand, das nach dem Tode Mohammeds im Koran zusammengestellt wurde. Inhalt dieser göttlichen Visionen war die Forderung nach einem konsequenten Glauben an nur einen einzigen Gott »Allah«.

Das Mekka, das Mohammed in seiner Jugend erlebt hatte, war ein beachtetes Wallfahrtszentrum, zu dem arabische Stämme aus der ganzen Region kamen, um dort in dem Heiligtum der Ka'aba die unterschiedlichen Götterstatuen anzubeten. Inmitten dieses traditionsreichen Ortes begann Mohammed unter dem Einfluss von Juden und Christen, denen er auf seinen Geschäftsreisen begegnet war, den Gedanken an den Monotheismus zu entwickeln. Zunächst verbreitete er seine Gedanken nur unter den nächsten Verwandten, aber seine Vision ließ sich nicht lange geheim halten, und schon bald mussten er und seine ersten Anhänger Spott, Bedrängungen und schließlich sogar Verfolgungen erfahren.

Die Situation spitzte sich derart zu, dass Mohammed 615 eine Gruppe seiner Jüngerschaft nach Abessinien schicken musste, um sie vor Verfolgungen zu schützen. Erstaunlicherweise war es ein christlicher Herrscher, der ihnen dort Asyl bot. Aber auch für Mohammed selbst wurde es sieben Jahre später erforderlich, aus seiner Heimat zu flüchten.

Er verließ Mekka und ließ sich in Medina nieder. Dort war es ihm gestattet worden, seine Offenbarung öffentlich zu verkündigen und eine Gemeinde zu gründen. Allerdings wurden dadurch die Konflikte noch geschürt: Es kam in der Folgezeit zu verschiedenen kriegerischen Auseinandersetzungen mit den Mekkanern, wobei sich Mohammed, inzwischen zum Feldherrn avanciert, letztlich durchsetzen konnte.

Nachdem er Mekka eingenommen und das alte Heiligtum zum islamischen Wallfahrtszentrum umfunktioniert hatte, fand er mit seiner neuen Gotteslehre auch Anerkennung bei den anderen arabischen Stämmen. Im Alter von 62 Jahren starb er an den Folgen eines Fiebers und wurde in Medina bestattet.

Thomas von Aquin (1225–1274)

Nicht gerade viele Philosophen finden sich im Heiligenkalender der katholischen Kirche. Der bekannteste von ihnen ist ohne Zweifel Thomas von Aquin. Im Jahre 1323 wurde er von Papst Johannes XXII. heilig gesprochen, nachdem er mit Ehrentiteln seiner Zeit geradezu überschüttet worden war: »Doctor universalis« nannte

Thomas v. Aquin, nach einem Fresko
im Kloster Fossanuova, um 1255.

man ihn, den »Princeps philosophorum« (Fürsten unter den Philosophen) oder auch »Doctor angelicus« (den engelgleichen Lehrer).
1567 wurde er schließlich durch Papst Pius V. zum Kirchenlehrer
(»Doctor ecclesiae«) erhoben. Was ist der Grund dafür, dass Thomas von Aquin zum Ahnherrn der katholischen Dogmatik und zu
einem der wichtigsten Philosophen des Mittelalters wurde?

Sein Leben hatte zunächst recht sorgenfrei begonnen. Als Sohn
des Grafen von Aquino kam er 1225 auf Schloss Roccasecca zur
Welt, wurde in einer Klosterschule des Benediktinerordens erzo-
gen und studierte dann in Neapel Philosophie. Der Bruch mit dem
Elternhaus kam allerdings, als Thomas sich, gerade 18 Jahre alt, dazu entschloss, dem relativ jungen Dominikanerorden beizutreten.

»Drei Dinge sind für die Rettung des Menschen nötig: zu wissen, dass er glauben solle; zu wissen, was er sich wünschen solle; und zu wissen, was er tun solle.«
Thomas von Aquin

Mag sein, dass den Eltern der Nimbus des Bettelordens nicht zusagte oder dass sie prinzipiell etwas gegen eine Ordenslaufbahn einzuwenden hatten: Auf jeden Fall wurde er von seinen Brüdern entführt und über zwei Jahre festgehalten. Erst als er nach dieser Zeit noch immer keine Bereitschaft zeigte, von seinen Plänen abzurücken, ließen sie ihn schließlich seinen Weg gehen.

Thomas studierte Theologie in Paris und Köln – unter anderem bei Albertus Magnus – und wurde schließlich Professor in Paris. Eine geradezu leidenschaftliche Beschäftigung mit den Werken des Aristoteles bestimmte seine Studien in dieser Zeit, hierin liegt der Schlüssel für seine Bedeutung. Indem Thomas den systematischen und auf Vernunft beruhenden Ansatz des antiken Philosophen mit der Tradition des Christentums in Einklang zu bringen versuchte, entfaltete er ein theologisch-philosophisches System, bei dem Wissen und Glauben nicht mehr als Gegensätze empfunden werden.

Grundsätzlich ging er davon aus, dass auch die Glaubenssätze mit Mitteln der rationalen Argumentation belegt werden könnten. Wegweisend wurde dabei sein Versuch, die Existenz Gottes zwar nicht zu beweisen, aber zumindest doch durch logische Analogieschlüsse zu untermauern. Gott selbst bestimmte er dabei als den »unbewegten Beweger«, der den Grund dafür liefert, dass die in der natürlichen Umwelt zweifelsfrei zu erkennende Bewegung überhaupt möglich wird, denn eine Sache kann nicht Ursache ihrer selbst sein.

Diesem Argument der Quelle aller Bewegung stellte er das Argument der »notwendigen Ursache« an die Seite. Demzufolge muss sich das zufällige Leben des einzelnen Wesens auf eine notwendige und eben nicht zufällige Ursache beziehen können, die in sich weder bezweifelbar noch relativierbar ist. Eben diese absolute Größe wird bei Thomas als Gott herausgestellt.

In dem umfassenden Werk ›Summa theologiae‹ (»Summe der Theologie«) fasste Thomas von Aquin seine an Aristoteles geschulte Darstellung der christlichen Theologie zusammen. Es war als Unterrichtsbuch für Studenten der Theologie konzipiert, blieb aber letztlich unvollendet. Am 7. März 1274 starb Thomas auf dem Weg nach Lyon, wo er an einem Konzil teilnehmen sollte. Neben der unvollendeten ›Summe der Theologie‹ hinterließ er u. a. eine zukunftsträchtige Schrift (›Summa contra gentiles‹), die dem Dialog mit Judentum und Islam dienen sollte. Sein Lehransatz wurde nicht nur für die Scholastik, sondern darüber hinaus als »Thomismus« für die weitere Entwicklung der christlichen Philosophie wegweisend.

Martin Luther (1483–1546)

Als Martin Luther am 10. November 1483 in Eisleben geboren wurde, war sein späterer Lebensweg in keiner Weise absehbar: Der Großvater ein Bauer, der Vater ein Arbeiter im Bergwerk – vor diesem Hintergrund war es schon eine Besonderheit, dass der Sohn studieren durfte und mit einem akademischen Abschluss Jurist hätte werden können und wohl auch sollen. Dass es anders kam, hängt mit dem Erlebnis eines starken Gewittersturms zusammen. Voller Todesangst legte er das Gelübde ab, Mönch zu werden, wenn er das Unwetter überstehen würde.

Als er in das Erfurter Augustinerkloster eintrat und mit dem Noviziat begann, war Luther gerade 22 Jahre alt. Relativ schnell erhielt er die Priesterweihe und wurde nach Wittenberg geschickt. Erst jetzt konnte er, wie es damals üblich war, mit einem Studium der Theologie beginnen. Die Frage, die ihn in dieser Zeit am meisten drängte, war die nach einem gnädigen Gott. Wie könnte der Mensch es schaffen, trotz aller Verfehlungen vor Gott als dem

Martin Luther auf einem Stich von Heinrich Königswieser, um 1535.

Richter gerechtfertigt zu erscheinen? Die Antwort, die er darauf fand, war theologisch umwälzend und kirchenpolitisch zugleich höchst brisant. Allein aus Gnade (*sola gratia*), so war sich Luther sicher, kann der Mensch vor Gott bestehen. Weder die persönlichen Werke noch irgendwelche Bußtaten und erst recht keine finanziellen Leistungen könnten ein Seelenheil erwirken.

Dass gerade in dieser Zeit der päpstliche Ablasshändler Johann Tetzel in Thüringen von sich reden machte, brachte den Stein endgültig ins Rollen. Am 31. Oktober 1517 veröffentlichte Luther 95 Thesen in Wittenberg, um damit eine Diskussion über den Ablasshandel anzufachen. Durch die Möglichkeiten des Buchdrucks

Zu einem unerwarteten Publikumserfolg geriet der Lutherfilm des kanadischen Regisseurs Eric Till, der 2003 als deutsch-amerikanische Co-Produktion in die Kinos kam. Bereits nach drei Wochen hatten 1,2 Millionen Besucher den Historienfilm gesehen, der an Originalschauplätzen – u. a. der Wartburg – gedreht worden war. Das Leben des Reformators wird darin als Suche eines frommen Menschen gezeichnet, der nach der Wahrheit sucht und dabei die Welt verändert. In den Hauptrollen sind Josef Fiennes als Luther, Peter Ustinov als Friedrich der Weise, Uwe Ochsenknecht als Papst Leo X., Bruno Ganz als Johann von Staupitz und Claire Fox als Katharina von Bora zu sehen.

wurden seine Gedanken schnell im ganzen Reich verbreitet, so dass die Kirche nicht umhinkam, auf dieses Aufbegehren des Mönchs zu reagieren.

1518 wurde Luther von Kardinal Cajetan in Augsburg verhört, weigerte sich aber standhaft, seine Thesen zu widerrufen. Stattdessen erweiterte er seine Vorwürfe noch und argumentierte auf der Leipziger Disputation nicht mehr nur gegen die finanzielle Ausbeutung der Höllenangst im Ablass, sondern zugleich gegen die Autorität des Papstes. Jetzt wollte er allein die Heilige Schrift (*sola scriptura*) als bindende Autorität gelten lassen. Daraufhin war die Bannandrohung (»Exsurge Domini«) nicht mehr aufzuhalten. Erst nachdem Luther auch diese öffentlich verbrannte, wurde er von Kaiser Karl V. zum Reichstag nach Worms vorgeladen, war aber auch dort nicht zum Widerruf bereit.

Allein seinem Glauben (*sola fide*) an Jesus Christus folgend, forderte er somit den Bann und die Reichsacht geradezu heraus. Um ihn den Verfolgungen zu entziehen, ließ Kurfürst Friedrich der Weise ihn vorsichtshalber »entführen« und auf die Wartburg bringen. Zehn Monate verharrte Luther dort anonym als »Junker Jörg« und nutzte die Zeit, um das Neue Testament in die deutsche Sprache zu übersetzen.

In der Zwischenzeit hatten sich die reformatorischen Ideen wie ein Flächenbrand ausgebreitet. Unter der Führung von Thomas

Münzer stellten die Bauern ihre Forderungen als »göttliches Recht« heraus und griffen zu den Waffen.

In den Bauernkriegen von 1525 kam es schließlich zum offenen Eklat: Schockiert von der gewalttätigen Wirkung seiner reformatorischen Ideen, schrieb Luther ein Pamphlet ›Wider die räuberischen und mörderischen Rotten der Bauern‹, in dem er die Fürsten zum harten Durchgreifen aufforderte, um die Ordnung wiederherzustellen. Für ihn waren die Greuel der Bauernkriege Anlass genug, sich von allem »Schwärmertum« und »Fanatismus« zu distanzieren. Am 18. Februar 1546 starb Martin Luther in Eisleben.

René Descartes (1596–1650)

»Ich denke, also bin ich« (*cogito ergo sum*) – dieser Satz gehört neben Sokrates' Bekenntnis »Ich weiß, dass ich nichts weiß« zu den populärsten in der Philosophiegeschichte. Und tatsächlich mögen diese Worte, mit denen René Descartes die Grundlagen seiner Metaphysik bestimmt, eine Ergänzung zu der kritischen Haltung des Sokrates darstellen. Zwar teilt Descartes, zumindest aus methodischen Gründen, den radikalen Zweifel an allem, was man zu wissen meint, und verlangt nach einer Erkenntnis, die jenseits der täuschenden Sinneswahrnehmung liegt: Zugleich aber findet er in der eigenen Existenz diese Sicherheit, denn wie sonst wäre es möglich zu zweifeln bzw. zu denken, wenn die Existenz des Zweifelnden doch nicht gesichert wäre.

> »Die erste (Regel) besagte, niemals eine Sache als wahr anzunehmen, von der ich nicht evidentermaßen erkenne, dass sie wahr ist: das heißt Übereilung und Vorurteile sorgfältig zu vermeiden und über nichts zu urteilen, was sich meinem Denken nicht so klar und deutlich darstellte, dass ich keinen Anlass hätte, daran zu zweifeln.«
> *René Descartes*

René Descartes, Gemälde von Frans Hals, 1840.

Trotz dieser Rückführung aller Erkenntnis auf den denkenden Menschen, mit der eine neue Strömung der rationalistischen Philosophie begründet wurde, war René Descartes zumindest in seinem Anspruch weniger Philosoph als vielmehr Mathematiker: Eine mathematische Betrachtung der Welt mit ihren Erscheinungsformen wollte er liefern, denn Zahlen hielt er für objektiver als alle sinnlichen Wahrnehmungen. Er ging so enthusiastisch an dieses Unternehmen, dass er gar von einer Vision sprach, der zufolge er eine wunderbare Wissenschaft (*scientia mirabilis*) begründen müsse – eine Art Universalwissenschaft, bei der die Untersuchung von Ordnungsstrukturen und Maßverhältnissen zur besseren Erkenntnis der Welt beitragen könnte. Als »Mathesis Universalis« bezeichnete er später sein Anliegen, alle Fragen auf das Problem von Zahlen und Figuren zurückführen zu können. Dass er mit diesem Anliegen sich zunächst mit Philosophie beschäftigen musste, empfand er eher als einen Umweg, der eben notwendig war.

Schon seit seiner Jugend war der am 31. März 1596 in La Haye geborene und von Jesuiten erzogene Descartes höchst fasziniert von der Mathematik. Dennoch schwankte er, wahrscheinlich dem Wunsch des adligen Vaters folgend, zunächst zwischen einer Ausbildung zum Juristen und einer militärischen Laufbahn. Vorübergehend muss er auch als Soldat an verschiedenen Feldzügen des Dreißigjährigen Krieges teilgenommen haben, setzte sich aber schon bald ab, um in Paris und in den Niederlanden seine Studien zu betreiben. In Paris schrieb er eine ›Kleine Abhandlung über die Metaphysik‹, in der er den Beweis der Existenz Gottes und der Unsterblichkeit der Seele nach mathematisch analytischen Grundsätzen liefern wollte. Allerdings blieb diese Schrift unvollendet.

Überhaupt war Descartes mit seinen Veröffentlichungen äußerst vorsichtig, die ersten Schriften erschienen sogar unter einem Pseudonym. Zwar war das Anliegen, Glauben und Wissen miteinander zu verknüpfen, nicht neu, aber dennoch erschien ihm sein rationalistischer Ansatz, die Theologie unter den Aspekten der Wissenschaften zu analysieren, nicht ungefährlich: Die Verurteilung Galileo Galileis durch die Inquisition 1633 war zu frisch und galt ihm als eindringliche Warnung. Diese Furcht mag auch dazu geführt haben, dass er sich 1649 entschloss, einem Ruf der schwedischen Königin an den Hof in Stockholm zu folgen. Dort starb er am 11. Februar 1650.

Immanuel Kant (1724–1803)

In die gängigen Klischees eines Gelehrtenlebens lässt sich der Werdegang des Emanuel Kandt, wie er bei seiner Geburt am 22. April 1724 noch hieß, gewiss nicht einordnen. Schon als 13-Jähriger verlor er seine Mutter, so dass er als viertes von zwölf Kindern in ärmlichen Verhältnissen aufwuchs und stark mit häuslichen Pflichten belastet war. Als auch sein Vater, ein Riemenmacher ohne fundierte Bildung, starb, war Kandt bereits Student. Allerdings ist nicht sicher, für welche Fächer er sich an der Universität eingeschrieben hatte. Philosophie war jedenfalls in Königsberg nur als Nebenfach möglich, und einiges deutet darauf hin, dass er deshalb verschiedene Fächer belegte, dabei aber nicht regelmäßig in die Vorlesungen ging. Erst mit dem Tod seines Vaters scheint sich ein Wechsel abzuzeichnen.

In diesem Jahr, 1746, veröffentlichte Immanuel Kant, wie er sich fortan nannte, seine erste Schrift. Dabei handelt es sich um ein durchaus verwegenes Unternehmen, mit einer »wahren Schätzung der lebendigen Kräfte« in einen Wissenschaftsdisput u. a. zwischen Koryphäen wie Leibniz und Newton einzugreifen. Das Buch, mit dem sich Kant immerhin »an die Welt« richten wollte, blieb ein Desaster und führte eher zu Spott über den jungen Gelehrten. Eine wissenschaftliche Karriere wurde dadurch jedenfalls nicht befördert, so dass Kant ohne akademischen Abschluss und bar jeglicher finanzieller Rücklagen zunächst Hauslehrer werden musste. Diese Zeit nutzte er für eigene Studien, 1755 konnte er endlich eine Promotionsschrift (›Über das Feuer‹) einreichen.

Wiederholte Bewerbungen auf Professuren blieben zunächst ohne Erfolg, obwohl er als Privatdozent – und somit unentgeltlich – Vorlesungen halten durfte, die bei den Studenten äußerst beliebt waren. Vor allem galt sein Interesse der praktischen Philosophie und darin der Morallehre. Beinahe schon ohne Hoffnung auf eine feste Anstellung, erhielt Kant, immerhin schon 46 Jahre alt, einen

Immanuel Kant, Porträt um 1790.

Ruf an die Universität in Königsberg. Allerdings handelte es sich dabei nicht um die von ihm so begehrte Professur für Moral, sondern um den Lehrstuhl für Logik und Metaphysik, der bislang mit einem Mathematiker besetzt gewesen war.

Um den Anforderungen der Stelle genügen zu können und zugleich die erforderliche Formalität zu erfüllen, lieferte er eine weitere Doktorarbeit nach. Diese, mehr aus der Verlegenheit geboren und einer Stelle gewidmet, die er eigentlich gar nicht haben wollte, sollte sich als epochal erweisen: Kant stellt darin das Gegenüber von Sinnenwelt (*mundus sensibilis*) und Verstandeswelt (*mundus intellibilis*) dar, behandelt beide Welten als grundsätzlich getrennte Ebenen, die unterschiedlich behandelt werden müssen, und versucht die Bedingungen der nur durch den Verstand bestimmten Erkenntnis zu beschreiben. Aus diesem Ansatz entwickelte Kant schließlich jene Arbeit, durch die die Philosophie revolutioniert werden sollte, aber dazu benötigte er noch ein ganzes Jahrzehnt.

1781 übergab er schließlich die ›Kritik der reinen Vernunft‹, eine Untersuchung des jenseits aller Erfahrungen liegenden Erkenntnisvermögens, der Öffentlichkeit. Erst jetzt, nach dieser grundlegenden erkenntnistheoretischen Arbeit, konnte sich Kant wieder seinem eigentlichen Thema widmen. Und wiederum dauerte es Jahre, bis er 1785 endlich mit der ›Grundlegung einer Metaphysik der Sitten‹ die schon seit Jugendzeiten geplante Moralphilosophie skizzieren und dann in der ›Kritik der praktischen Vernunft‹ (1788) vollenden konnte. Der »gute Wille« wird bei diesem Versuch einer moralischen Bestimmung jenseits der göttlichen Gesetze zur treibenden Idee und gipfelt in der als »kategorischer Imperativ« bekannt gewordenen Forderung: »Handle so, dass die Maxime deines Willens jederzeit zugleich als Prinzip einer allgemeinen Gesetzgebung gelten könne.« Auch hier ist es wiederum die Vernunft, die jetzt in ihrer Wirkung auf das Handeln des Menschen untersucht und als Quelle des moralischen Handelns ausfindig gemacht wird.

Seine wissenschaftliche Laufbahn hatte Kant mit Untersuchungen über den Kosmos und einzelne Phänomene der Natur begonnen. Im Alter von 32 Jahren verfasste er eine ›Allgemeine Naturgeschichte und Theorie des Himmels‹, mit der er den Versuch unternahm, die Verfassung und den mechanischen Ursprung des ganzen Weltgebäudes nach den Grundsätzen Newtons abzuhandeln. Zeitlebens stand diese Faszination des Kosmos neben dem Interesse an der Moral im Mittelpunkt seiner Arbeiten: »Zwei Dinge erfüllen das Gemüt mit immer neuer und zunehmender Bewunderung, je öfter und anhaltender sich das Nachdenken damit beschäftigt: der bestirnte Himmel über mir und das moralische Gesetz in mir.«

Die Fragen: Was kann ich wissen? Was soll ich tun? Was darf ich hoffen?, mit denen sich Kant in seinen drei großen kritischen Schriften auseinander setzte, gelten als die eigentlichen Fragen der Menschheit, und die Antworten, die der Königsberger Philosoph darauf gegeben hat, sind bis heute Grundlage für alle folgende Philosophie.

Am 12. Oktober 1803 starb Immanuel Kant, ohne jemals für längere Zeit krank gewesen zu sein. Seine Heimatstadt Königsberg hat er, der die Welt so nachhaltig geprägt hat, niemals verlassen. Aber seine Idee des ewigen Friedens in der Völkergemeinschaft wird im 20. Jahrhundert aufgegriffen und findet nicht zuletzt in der Institution der UNO eine bleibende Wirkung.

Georg Wilhelm Friedrich Hegel (1770–1831)

Schelling bezeichnete sein Werk als »ödes Produkt«, Schopenhauer nannte ihn gar einen »Scharlatan« und attestierte ihm blanken »Unsinn« – die Meinung der Fachkollegen über das Werk Georg Wilhelm Friedrich Hegels war jedenfalls nicht gerade überwältigend. Und doch gilt der am 27. August 1770 in Stuttgart geborene Philosoph als einer der wirkungsvollsten der Neuzeit, der später sogar zum »Preußischen Staatsphilosophen« ernannt wurde. Das schillernde Bild seiner Wirkungsgeschichte spiegelt sich auch in seinem bewegten Leben wider.

Bereits im Alter von drei Jahren kam der Sohn eines Rentkammersekretärs zur Schule. Heute würde man ihn als »Hochbegabten« bezeichnen, aber auch damals förderten die Eltern ihr Kind in ehrgeiziger Weise. Hegel wurde ein Musterschüler, der sich mehr in der Welt der Erwachsenen bewegte und dem die Mitschüler Altklugheit vorhielten. Mit 17 machte er Abitur und erhielt ein Stipendium, um in Tübingen evangelische Theologie zu studieren.

Es ist das Jahr der Französischen Revolution, von deren Ideen der junge Student ergriffen wurde und plötzlich Interesse an der Politik gewann. Dieser Einfluss, aber auch die Philosophie, die er zunächst im Nebenfach studierte, mögen dazu geführt haben, dass Hegel 1793 zwar sein theologisches Examen ablegte, sich dann aber für einen Berufsweg außerhalb der Kirche entschied. Wie schon Kant, mit dessen Schriften er sich in seiner Studienzeit beschäftigt hatte, wurde nun auch Hegel Hauslehrer. Sechs Jahre lang unterrichtete er Kinder, bis eine kleine Erbschaft ihm finanzielle Unabhängigkeit ermöglichte. Erst jetzt kehrte er zurück an die Universität und machte in Jena als Privatdozent die Philosophie zu seinem Beruf.

Durch Goethe gefördert, erhielt er 1805 eine außerordentliche Professur, die er auch dafür nutzte, die Erkennbarkeit der Welt hin-

Georg Wilhelm Friedrich Hegel, zeitgenössischer Stich, um 1815.

ter den sinnlichen Wahrnehmungen zu ergründen und in seinem Hauptwerk der ›Phänomenologie des Geistes‹ festzuhalten.

Hatte Kant noch die Feststellung getroffen, dass allgemein gültige Aussagen über die Welt jenseits der Sinneswahrnehmungen mit den Mitteln der Vernunft nicht zu erzielen seien, so behauptete Hegel nun, die ganze Wirklichkeit sei nichts anderes als die Selbstverwirklichung einer metaphysischen Idee. Die Entschlüsselung des Systems, in dem sich diese Entwicklung vollzieht, wurde zur Lebensaufgabe Hegels. Aber die Zeit des unbeschwerten Forschens war nicht von Dauer; schon zwei Jahre später plünderten die Truppen Napoleons Jena, Hegel geriet in finanzielle Not und musste zunächst den Posten eines Redakteurs bei der ›Bamberger Zeitung‹ übernehmen, bevor er wieder Lehrer wurde.

Acht Jahre unterrichtete er am Gymnasium in Nürnberg und schrieb in dieser Zeit die ›Wissenschaft der Logik‹. Es ist die als »Dialektik« bekannt gewordene Methode, in der Hegel aus der Gegenüberstellung von reinem »Sein« (These) und dem Gegenteil des »Nichts« (Antithese) den Begriff des »Werdens« (Synthese) ableitet, in dem die ursprünglichen Gegensätze zugleich enthalten wie auch aufgehoben sind. Durch Anwendung dieser dialektischen Methode gelingt es Hegel schließlich, die in der Philosophie seit der Antike diskutierten Gegensätze von Wesen und Schein, Subjekt und Objekt, Idee und Materie aufzulösen.

Die ›Wissenschaft der Logik‹ verhalf ihm zum Durchbruch: 1816 wurde er Professor in Heidelberg, 1818 sogar als Nachfolger von J. G. Fichte an die Universität Berlin berufen. Als Hegel 1831 an Cholera starb, hinterließ er ein philosophisches System, das er selbst als »absolutes Wissen« herausstellte; und da er Gott als Weltgeist begriff, als die im universellen Entwicklungsprozess befindliche Weltvernunft, konnte er seine Philosophie sogar als »Selbstbewusstsein Gottes« klassifizieren.

Arthur Schopenhauer (1788–1860)

Als Misanthrop, als absoluter Pessimist und konsequenter Verächter der Frauen ist Arthur Schopenhauer bekannt und immer wieder zitiert – ein Philosoph, der die Tiere mehr schätzte als die Menschen, der die Welt für die schlechteste aller möglichen hielt und diese Einstellung auch noch systematisch untermauerte. Mit dieser Auffassung von der Welt, die aus dem Bösen erwächst, die eigentlich gar nicht sein sollte und deshalb den Menschen nur mit Leid überschüttet, bringt Schopenhauer einen neuen Aspekt in die Philosophie, der zunächst ignoriert oder offen abgelehnt wurde, aber durchaus folgenreich war und deshalb nicht unterschätzt werden darf.

Erklären lässt sich dieser Ansatz einer pessimistischen Metaphysik wenigstens zum Teil aus seiner eigenen Biografie: Arthur Schopenhauer, am 22. Februar 1788 in Danzig geboren, muss ein äußerst sensibles und zugleich sehr ängstliches Kind gewesen sein. Alpträume, Verlust- und Todesängste peinigten ihn sein Leben lang und führten dazu, dass er als Erwachsener zu einem kauzigen Einzelgänger wurde. Sein Vater, ein wohlhabender Kaufmann, versuchte anfänglich, ihn in sein Handelsgeschäft einzubeziehen. Dafür war der Besuch eines Gymnasiums nicht erforderlich, stattdessen sollte der Junge die Welt sehen. Auf ausgedehnten Reisen lernte er zwar verschiedene Sprachen, erlebte jedoch gleichzeitig eine Ansammlung von Leid und Qual, die er mit der christlichen Botschaft vom gütigen Schöpfergott nicht in Einklang bringen konnte und wollte. Erst nach dem Tod des Vaters, der depressiver Natur war und Suizid beging, änderte das schockierende Erlebnis den eingeschlagenen Lebensweg.

Schopenhauer holte in nur zwei Jahren den höheren Schulabschluss nach und ließ sich an der Universität in Göttingen einschreiben. »Universalgelehrter« wollte er werden: Auf die Philosophie kam er eher nebenbei, denn vorrangig galten seine Interessen

»Der Mensch kann zwar tun, was er will, aber nicht wollen, was er will!«
Auf diese kurze Formel kann der Ansatz Schopenhauers gebracht werden.
Wichtig ist ihm zu zeigen, dass der Wille eine unmittelbar treibende Kraft
ist, der gegenüber alle scheinbar freien Entscheidungen des Verstandes
nur zweitrangig sind.

der Medizin, der Chemie und der Physik. Erst 1811 änderte sich
dieser Anspruch, als er nach Berlin wechselte, um dort bei J. G.
Fichte zu studieren.

In der folgenden Zeit lernte er nicht nur Platon und Kant schät-
zen, die er später als unabdingbare Voraussetzung für sein eigenes
Werk ausgab, sondern machte auch Bekanntschaft mit asiatischen
Religionen. Der buddhistische Leitsatz vom Leiden der Welt und
dem Weg aus diesem Leiden beeinflusste ihn nachhaltig.

1814 übersiedelte er nach Dresden und begann mit der Arbeit
an seinem philosophischen System, das er in einem einzigen Buch
niederschrieb, von dem er selbst sagte, dass es 99 Prozent dessen
biete, was er zu sagen habe. Fünf Jahre später erschien ›Die Welt als
Wille und Vorstellung‹, blieb aber zunächst vollkommen unbeach-
tet. Wie vor ihm schon Kant, so unterscheidet auch Schopenhauer
zwischen der sinnlich wahrnehmbaren Welt, die für ihn nur »Vorstellung« ist, und einer »Welt an sich«.

Allerdings verneint er die Rolle der Vernunft zur Erkenntnis
dieser wahren Welt und benennt stattdessen den »Willen« als Wesen und treibende Urkraft. Von dieser vernunftlosen (irrationalen)
Kraft des Weltwillens hängen letztlich auch die Handlungen des
Menschen ab, die nur scheinbar frei sind, aber durch den blinden
Trieb zum Leben gedrängt werden. Liebe, Glück und Erfüllung erscheinen hier, wie im Buddhismus, nur noch als Täuschungen,
während allein das Leid real ist.

Auswege aus diesem Dilemma bieten sich für Schopenhauer
dadurch, dass der Wille zum Schweigen gebracht wird: Das kann
entweder durch konsequente Weltverneinung geschehen, durch

Arthur Schopenhauer, Porträt aus dem Jahr 1819.

strenge Askese wie in der fernöstlichen Frömmigkeit oder durch die interesselose Hingabe in der ästhetischen Betrachtung.

Am 21. September 1860 starb Schopenhauer in Frankfurt, wohin er sich als Privatgelehrter in den letzten Lebensjahren zurückgezogen hatte. Die Bedeutung seines Ansatzes macht sich unter anderem darin bemerkbar, dass er in seiner Betrachtung des Willens Aufmerksamkeit auf die Triebe, den Körper und die Sexualität lenkt, womit einzelne Aspekte der Psychologie Sigmund Freuds bereits vorweggenommen werden.

60

Friedrich Nietzsche (1844–1900)

Kaum ein Philosoph wird derart leidenschaftlich abgelehnt – auch von jenen, die ihn nicht gelesen haben – wie Friedrich Nietzsche. Die Vorbehalte, die ihn treffen, sind vielfältig: Mal ist es seine radikale und grundsätzliche Kritik am überkommenen Wahrheitsbegriff, durch den das Dasein sinnlos und ziellos erscheint (»Nihilismus«); mal die zweifelnde Haltung, der zufolge es in der ewigen Wiederkehr des Gleichen keinen wirklichen Fortschritt gebe (»Skeptizismus«); dann wieder seine kirchenkritische Haltung, die Gott für tot erklärt und das Prinzip der Nächstenliebe als »Sklavenmoral« ablehnt (»Atheismus«); und schließlich seine Herrenthesen vom »Übermenschen«, die mit der Ideologie des Nationalsozialismus in Verbindung gebracht werden. Argwöhnisch wird auch der »unwissenschaftliche« Schreibstil betrachtet, denn Nietzsche argumentiert teilweise aphoristisch, nutzt die Form des Gedichts genauso wie die mythologische Erzählung.

Tatsächlich hat sich Friedrich Nietzsche vehement gegen die Vernunftgläubigkeit der Aufklärung aufgelehnt, er wollte die durch die Kirche bestimmte Moral der herrschenden Klasse als unmoralisch entlarven und als geistiger Rebell in die Geschichte eingehen – und zwar als ein Rebell, der am liebsten »mit dem Hammer« philosophiert, um die »Umwertung aller Werte« einzuleiten.

Für den Antisemitismusverdacht ist Elisabeth Förster-Nietzsche verantwortlich, die Schwester des Philosophen. Am Ende ihres langen Lebens sympathisierte sie mit den Idealen des Nationalsozialismus. Sie nutzte die Verfügbarkeit über den Nachlass des

Nationalismus lehnte Nietzsche ebenso ab wie alle Formen der Ideologie. Gemäß der Devise »Überzeugungen sind gefährlichere Feinde der Wahrheit als Lügen« trat er im Alter von 25 Jahren sogar aus dem »preußischen Untertanenverband« aus, um zukünftig als Staatenloser zu leben.

Friedrich Nietzsche, Gemälde von Edvard Munch, 1906.

Bruders, den sie in den letzten Lebensjahren gepflegt hatte, um durch Eingriffe in die Texte Nietzsche als »Philosophen des Dritten Reiches« erscheinen zu lassen.

Für die anderen Eindrücke ist jedoch Nietzsches eigene Art, radikal mit den Traditionen zu brechen, zuständig. Etwas verständlicher mag sein Ansatz durch seine Biografie werden: Geboren wurde er am 15. Oktober 1844 im sächsischen Röcken in einem protestantischen Pfarrhaus, das auch seine Kindheit erheblich geprägt hat. Nach dem frühen Tod seines Vaters (1849) wuchs er in einem weiblich dominierten Haushalt mit Mutter, Schwester, Tanten und Großmutter heran. Er war kränklich, wurde ständig von

Migräne-Attacken geplagt und litt später unter einer Nervenkrankheit. Nach der Schulzeit, die er dank eines Stipendiums auf dem klosterähnlichen Domgymnasium in Pforta verbringen konnte, studierte er in Bonn Theologie, brach jedoch schon nach zwei Semestern ab und widmete sich fortan der Altphilologie.

Ohne eine Promotion – ja ohne einen Studienabschluss – erhielt er, gerade 24 Jahre alt, durch Vermittlung seines Lehrers die Professur für griechische Sprache und Literatur in Basel. Allerdings hatte er zu dieser Zeit schon kein rechtes Interesse mehr an den alten Sprachen, begeisterte sich vielmehr für die Philosophie, die er durch Schopenhauers ›Die Welt als Wille und Vorstellung‹ kennen gelernt hatte. Unter diesem Einfluss entwickelte er das Konzept zu seinem Hauptwerk ›Wille zur Macht‹, das jedoch unvollendet blieb. Wie Schopenhauer behauptet er, der Mensch werde nicht durch die Vernunft, sondern durch den Willen geleitet; allerdings geht Nietzsche davon aus, dass gerade nicht die Abkehr vom Willen, sondern dessen grenzenlose Bejahung die befreiende Wirkung bringen würde. Nur diesem unbedingten »Lebenswillen« folgend (daher die Bezeichnung »Lebensphilosophie«) hätte der Mensch eine Chance, sich zu entwickeln: und zwar zum Übermenschen (›Also sprach Zarathustra‹), der nach dem Tode Gottes den Verlust der Moral kompensieren könne.

1879 musste Nietzsche aus Gesundheitsgründen seine Professur niederlegen. In den letzten Jahren lebte er umtriebig, stets auf der Flucht vor Krankheit und Einsamkeit. Am 25. August 1900 starb er in geistiger Umnachtung. Sein Ansatz ist das letzte große philosophische System auf der Schwelle zur Dekonstruktion der Moderne, beeinflusst hat es neben der Existenzphilosophie des 20. Jahrhundert vor allem Schriftsteller.

Ludwig Wittgenstein (1889–1951)

Der österreichische Philosoph Ludwig Wittgenstein gehört ohne Zweifel zu den herausragenden Persönlichkeiten des 20. Jahrhunderts und hat die Philosophie der Moderne wie kaum ein anderer beeinflusst. Doch ist sein Schaffen nicht weniger schillernd als sein Leben.

Als Sohn eines reichen Industriellen und einer Bankierstochter wuchs er umsorgt in einem »goldenen Käfig« auf, hatte Privatlehrer und ständigen Umgang mit den kulturellen Größen seiner Zeit, die im Elternhaus ein und aus gingen. Allerdings brachte dieses privilegierte Leben auch Schattenseiten mit sich; so verfehlte er die Aufnahmeprüfung zum Gymnasium und schlug sich auch in der Realschule mehr schlecht als recht, was auf seine weitere Entwicklung nicht ohne Auswirkungen blieb.

In dieser Zeit interessierte er sich einerseits besonders für religiöse Fragen und erwog zeitweilig sogar, in ein Kloster zu gehen. Auf der anderen Seite war er von der Mathematik begeistert. Im Rahmen eines Studienaufenthaltes in Cambridge lernte er Bertrand Russell kennen, dessen ›Prinzipien der Mathematik‹ ihn faszinierten und den Grundstein für eine eigene philosophische Logik bildeten.

Seine Erfahrungen als Soldat im Ersten Weltkrieg veränderten sein Leben grundlegend: Nach der Entlassung aus der Kriegsgefangenschaft, die er dafür genutzt hatte, um die später als ›Tractatus logico-philosophicus‹ veröffentlichte Logik zu schreiben, zog er einen radikalen Schlussstrich, verschenkte sein Erbe, nahm eine Stellung als Volksschullehrer an und arbeitete zeitweilig sogar als Gärtner. Schon aus diesen Umständen wird deutlich, dass Wittgenstein überhaupt nicht in das gängige Schema eines Universitätsgelehrten passt und sein philosophischer

»Wovon man nicht sprechen kann, darüber muss man schweigen.«

Ludwig Wittgenstein, Porträtaufnahme von Dorothy Moore, um 1948.

Ansatz die Züge des Autodidakten trägt. In dieses Bild passt auch die Tatsache, dass er zeit seines Lebens nur ein einziges Buch veröffentlichte, eben den in der Gefangenschaft abgeschlossenen ›Tractatus‹.

In dieser Arbeit geht Wittgenstein davon aus, dass alle philosophischen Fragestellungen im Grunde genommen nur auf Sprachproblemen basieren. Indem er das, was der Mensch denken kann, mit dem gleichsetzt, was er mit den Mitteln der Sprache auszudrücken vermag, werden durch die Grenzen der Sprache auch die Grenzen des Denkens bestimmt. Folgerichtig ersetzt er die klassische Philosophie durch eine Logik der Sprache.

Die Tatsache, dass Wittgenstein seinen Ansatz später korrigierte, weil er erkannt hatte, dass die sprachlichen Möglichkeiten des

Menschen doch wesentlich komplexer sind als ursprünglich angenommen, ändert nichts daran, dass er gerade mit dieser Erkenntnis
zum Begründer der neuen Sprachphilosophie wurde. In den ›Philosophischen Untersuchungen‹, die erst nach seinem Tode veröf-
fentlicht wurden, wendet er sich von allen Systemen ab und kommt
zu der Überzeugung, dass mit der Philosophie die Fragen des Menschen überhaupt nicht erklärt, sondern nur in Form von »Sprach-
spielen« beschrieben werden können.

Mahatma Gandhi (1896–1948)

Eigentlich hieß er Mohandas Karamchand Gandhi, die uns geläufige und populäre Bezeichnung »Mahatma« stellt keinesfalls einen
Vornamen dar, sondern ist ein Ehrentitel. Er entstammt der altindi-
schen Tradition und bleibt Göttern und heiligen Personen vorbehalten. Im Grunde genommen müsste deshalb von Gandhi als dem
Mahatma gesprochen werden – von dem Menschen also, der »eine
große Seele« besaß und als Heiliger verehrt wird. Schon aus diesem
Grunde ist es durchaus berechtigt, Gandhi in einer Reihe mit Reprä-
sentanten aus Religion und Philosophie zu nennen, obwohl er doch
in erster Linie Staatsmann und Politiker war. Als »Apostel des Friedens« wurde er über den Bereich Indiens hinaus, zu dessen Unabhängigkeit er einen wesentlichen Beitrag geleistet hatte, bekannt und
weltweit als der wohl populärste Vertreter des Hinduismus verehrt.

Geboren wurde Gandhi am 2. Oktober 1896 als Sohn eines
Ministers in Porbandar. Seine Familie gehörte der hinduistischen
Kaste der Kaufleute an, einer mehr oder weniger privilegierten
Schicht, die es ihm zumindest ermöglichte, in London Jura zu
studieren und Rechtsanwalt zu werden. Nach Abschluss seiner
Berufsausbildung ging er zunächst nach Südafrika, um sich dort
den indischen Einwanderern zu widmen. Erst 1914 kehrte er nach

Indien zurück und organisierte dort den Widerstand gegen das britische Protektorat.

Der konsequent gewaltlose Kampf war sein Ziel, um Ungerechtigkeiten in seinem Land zu beseitigen. So organisierte er Boykott-Maßnahmen und übte andere Formen des zivilen Ungehorsams. Um in seinen Aktivitäten gegen die britische Vorherrschaft möglichst effektiv zu arbeiten, schaffte er schließlich sogar ein Bündnis zwischen den hinduistischen und moslemischen Einwohnern Indiens. 1922 wurde er inhaftiert: Als Vorwand dazu dienten Ausschreitungen, zu denen es unter seinen Anhängern gekommen war. Auf Grund einer schweren Erkrankung musste er jedoch schon vorzeitig aus der Haft entlassen werden.

Seine Friedensarbeit nahm danach eine andere Form an: Zum einen baute er eine häusliche Textilfabrikation auf, um wirtschaftlich von den Briten unabhängig zu werden. Gleichzeitig galt sein Kampf für die Entrechteten auch jenen, die durch das Kastenwesen im Elend gehalten wurden. Allerdings richtete sich der überzeugte Hindu Gandhi dabei nicht prinzipiell gegen die Kasten, vielmehr galt sein Interesse den so genannten »Parias«, Menschen, die zu keiner der vier großen Kastengruppen gehörten und als »Unberührbare« weder Rechte noch Würde besaßen. Sie nannte er »Kinder Gottes« (*Harijans*) und forderte die Aufhebung dieses Status der Unberührbaren.

»Ein Führer seines Volkes, ohne von äußerer Autorität gestützt zu sein, ein Politiker, dessen Erfolg nicht auf der Beherrschung und Meisterung technischer Mittel beruht, sondern einfach auf der überzeugenden Kraft seiner Persönlichkeit, ein siegreicher Kämpfer, der immer die Anwendung von Gewalt verschmähte, ein Mann, welcher der Brutalität Europas die Würde des schlichten Menschenwesens gegenüberstellte und sich so alle Male überlegen erwies: Künftige Generationen werden es vielleicht kaum glaubhaft finden, dass ein Mensch wie dieser jemals in Fleisch und Blut auf dieser Erde einherwandelte.«
Albert Einstein

Mahatma Gandhi und Jawaharlal Nehru, Bombay 1946.

In den Folgejahren wurde Gandhi immer wieder inhaftiert; dabei versuchte er, durch konsequente Fastenaktionen und Hungerstreiks einen Druck sowohl auf die Besatzungsmacht wie auch auf die eigene, untereinander verfeindete Bevölkerung auszuüben. Zunehmend wurden die Auseinandersetzungen zwischen Moslems und Hindus zum vordringlichen Problem.

Im Zuge der Unabhängigkeit Indiens, die als Folge des zweiten Weltkrieges 1947 erreicht werden konnte, eskalierten die Auseinandersetzungen zwischen den Religionsgruppen. Auch Gandhi war weitgehend machtlos gegen den Fanatismus radikaler Gruppen: Am 30. Januar 1948 wurde er durch einen hinduistischen Attentäter in Neu-Delhi erschossen.

Gandhis religiös motivierte und politisch ausgewiesene Friedensethik basiert auf dem hinduistischen Prinzip der »Ahimsa«, ein generelles Tötungsverbot, das sich auf alle Lebewesen bezieht. Da sowohl Mensch als auch Tier in dieser Überzeugung dem ewigen Kreislauf der Wiedergeburten (*Samsara*) unterliegen, kann selbst der Tod einer Mücke die Seele eines Ahnen betreffen. Diese konsequente und zugleich tolerante Haltung ist zum Vorbild für eine Friedensethik geworden, die Kulturen und Religionen gleichberechtigt auftreten lässt.

Konfessionen und Glaubensformen

Naturreligionen

Beinahe galten sie schon als verschwunden und nur noch für Historiker oder Ethnologen von Interesse, bis in der Gegenwart auf einmal wieder ein gewisses Interesse für die Glaubens- und Kultformen der Naturvölker erwachte. Als Naturreligion werden dabei unterschiedliche Lebensformen bezeichnet, in denen Antworten auf die Lebensfragen und die alltägliche Lebenspraxis im Zusammenspiel mit den Kräften der Natur gesucht werden. Der Wunsch, die Naturkräfte zu beherrschen und für das eigene Wohlergehen nutzbar zu machen, führt dabei zu verschiedenen Formen des Geisterglaubens bzw. der Ahnenverehrung: Durch Mittel der Magie werden Verbindungen zu Naturgottheiten hergestellt, dem natürlichen Jahreszyklus werden Feste zugeordnet und dem Lebensrhythmus Initiationsriten an die Seite gestellt. Ausdruck finden diese Deutungen des Weltgeschehens in mythologischen Erzählungen, die das Gegenüber von bedrohlichen und beschützenden Kräften, aber auch die Entstehung der Welt in Geschichten verpacken, durch die das Unfassbare erklärbar und im günstigsten Fall auch beeinflussbar wird. Viele der volkstümlichen Redensarten, aber auch einige der als »Aberglaube« noch immer kursierenden Gewohnheiten lassen sich auf die alten Regeln dieser Naturreligionen zurückführen.

In Europa zeigt sich das neu erwachte Interesse zum Beispiel an der Beschäftigung mit den Mythen der Kelten, der Germanen

Tatsächlich glauben in Island noch heute rund 80 Prozent der Bevölkerung an Elfen, jene naturhaften Fabelwesen, die sich in einem sanften Windhauch oder dem Rascheln von Blättern zu erkennen geben. Zwar ist die immer wieder verbreitete Kunde von der Existenz eines Ministeriums für Elfenwesen der Legende zuzuordnen, allerdings arbeitet in der Hauptstadt Reykjavik tatsächlich eine Elfenbeauftragte. Erla Stéfansdóttir ist dem städtischen Bauamt zugeordnet und sorgt dafür, dass durch Baumaßnahmen keine Behausung von Elfen oder Trollen beschädigt wird.

und Slaven, die geradezu zu einer Modewelle geworden ist. Egal ob es sich dabei um Bestseller und Kinohits wie ›Der Herr der Ringe‹ und ›Harry Potter‹ handelt oder um die Wiederbelebung des Mondkalenders und die wundersame Wirkung alter Kräutermixturen – in allen Fällen erwacht die Welt der Druiden, Barden und des Heiligen Grals, der Zwerge, Elfen und Wichte bzw. der Wald- und Wassergeister, die sich dem Wind als göttlichem Wesen zugesellen.

Aber auch außerhalb dieser Welt des Mythos, die sich in der zeitgenössischen Fantasy-Literatur wiederfindet, haben die Naturreligionen ihre Spuren hinterlassen: zum Beispiel in der Tradition des Festes zum 1. Mai, bei dem schon die Kelten einen Maibaum errichteten, oder in der Bedeutung der Amulette, die den Träger vor dem Einfluss böser Kräfte schützen sollen und dabei zugleich als Schmuck dienen. Selbst bei der Sage von den Vampiren handelt es sich um Relikte aus der slawischen Tradition. Dort finden sich solche heimatlosen Seelen, die in Tiergestalt den Menschen das Blut aus den Adern saugen und dementsprechend Angst verbreiten. Nicht zuletzt ist es der mittlerweile fest verankerte Begriff »Gott«, der aus dem Germanischen (*guda*, *god*) übernommen worden ist und dort die »Anrufbaren« bezeichnete, also jene göttlichen Wesen, die für die Menschen durch die Kenntnis spezieller kultischer Praktiken erreichbar waren.

Eine herausragende Rolle bei der Wiederentdeckung von Schamanentum und anderen archaischen Kultpraktiken spielt die Frau, die in den – zum Teil – matriarchalisch bestimmten Naturreligionen hohes Ansehen besaß. So verehrten die Kelten nicht nur Muttergottheiten, sondern kannten auch weibliche Druiden. Die Faszination einer religiösen Haltung, die den Menschen in Einklang mit der Natur bringt, die Religion als etwas Lebenspraktisches darstellt und dabei auf komplizierte philosophisch-theologische Erklärungen verzichtet, mag das neue Interesse an den Naturreligionen erklären.

Judentum

Schon der Begriff des Judentums ist nicht unproblematisch, weil zweideutig ist, ob damit eine Religionszugehörigkeit oder eine Abstammung, gar eine Nationalität gemeint ist. Die Geschichte des Judentums beinhaltet tatsächlich beide Varianten. Während in der biblischen Tradition eine unmittelbare Verknüpfung von Religion, Volk und verheißenem Land vorgegeben ist und die Bezeichnung als »Jude« sich von der Zugehörigkeit zum Stamme »Juda« im Land »Judäa« ableitet, wurde später, seit dem 19. Jahrhundert konsequent, zwischen Religionszugehörigkeit und Nationalität unterschieden. Im heutigen Staat Israel gibt es dementsprechend eine Unterscheidung zwischen der jüdischen Nationalität und der Religionszugehörigkeit, denn auch Nicht-Juden – vornehmlich christliche Palästinenser – können diese besitzen.

In der rabbinischen Tradition wurde schließlich herausgestellt, dass zum Judentum in erster Linie diejenigen gehören, die eine jüdische Mutter haben, in zweiter Linie aber auch alle zum Glauben Übergetretenen (»Proselyten«). Insofern ist es eindeutig falsch, im Falle der Juden von einer Rasse zu sprechen. Dennoch erschwert gerade diese Zuordnung und ihre ideologische Konsequenz im Holocaust des Nationalsozialismus den unbelasteten Umgang mit dem Judentum.

Nach einer Statistik aus dem Jahre 2001 gehören weltweit ca.13,25 Mill. Menschen dem jüdischen (mosaischen) Glauben an. Davon leben 4,9 Mill. in Israel und 8,3 Mill. in der Diaspora. Allein New York hat rund 1,9 Mill. jüdische Bürger, das sind mehr als dreimal so viel, wie derzeit in Jerusalem leben (570 000). In Deutschland gibt es 89 jüdische Gemeinden mit rund 93 000 Mitgliedern, wobei allerdings eine beträchtliche Zahl weiterer jüdischer Bürger keiner Gemeinde angehört.

Die jüdische Religion ist vor allem an der Erfahrung ausgerichtet, sie stellt kein Denkgebäude und schon gar kein Lehrgebäude dar, wie es beispielsweise in der christlichen Dogmatik der Fall ist. Insofern kann die jüdische Religion aus gutem Grund als eine Lebenspraxis und nicht als eine Lehre bezeichnet werden. Auch das Grundbekenntnis zum Gott Jahwe leitet sich aus den Erfahrungen ab, die in den Geschichten des Alten Testaments wiedergegeben sind und auf Erlebnisse des Volkes Israel zurückgehen.

Beispielhaft sind dafür die großen jüdischen Feste (siehe hierzu auch ab Seite 171), die der Vergegenwärtigung der Geschichte Israels gelten bzw. die Aufgabe haben, dem einzelnen Menschen das Bewusstsein zu vermitteln, der Gemeinschaft des auserwählten Volkes anzugehören. So gilt der »Sabbat« als Ruhetag zur Erinnerung an den siebenten Tag der Schöpfung, das »Passah«-Fest soll an die Befreiung aus der Knechtschaft in Ägypten erinnern, das »Thora-Freudenfest« (*Simchat Thora*) an die Übergabe des Gesetzes, das »Lichterfest« (*Channuka*) an die Wiedereinweihung des Tempels 168 v. Chr. und das »Los-Fest« (*Purim*) an die Errettung der Juden in der Perserzeit.

Auch die übrigen Feiertage im Jahreszyklus, die ursprünglich aus Erntefesten hervorgegangen sind, wurden nachträglich an Ereignisse aus der Geschichte des Volkes Israel gebunden, wie beispielsweise das »Wochenfest« (*Schavuot*) an die Offenbarung Gottes am Sinai und das »Laubhüttenfest« (*Sukkot*) an die Wanderung durch die Wüste.

Im Mittelpunkt des jüdischen Glaubens steht das Bekenntnis zum *einen* Gott Jahwe (»Monotheismus«) und die Erwählung des Volkes Israel, die sich durch die Übergabe der Thora auszeichnet. Thora wird häufig etwas einseitig als »Gesetz« bezeichnet, obwohl sie für die Juden weniger Vorschrift als vielmehr Geschenk darstellt; sie gilt als Schöpfungswerk Gottes, als göttlicher Plan, der niemals voll zu erfassen ist, aber lebenslang als Orientierung dient. Von der Erfüllung der Thora, zu der alle Juden aufgerufen sind, hängt letztlich das Kommen der messianischen Zeit ab, die als Errichtung eines umfassenden Friedensreiches gilt.

Auch der Kult, der sich seit der Zerstörung des Jerusalemer Tempels einerseits auf die Synagoge, andererseits auf die Familie konzentriert, stellt die Thora in den Mittelpunkt des Geschehens. Dabei gibt es – mit Ausnahme einiger Reformgemeinden – noch

Die Klagemauer in Jerusalem.

immer eine deutliche Trennung der Geschlechter. Während für einen Synagogengottesdienst mindestens zehn Männer anwesend sein müssen, erstreckt sich die Zuständigkeit der Frau auf den Bereich der häuslichen Frömmigkeit. Sie ist unter anderem auch für die Einhaltung der Speiseregeln zuständig, denn die rituelle Unterscheidung zwischen Reinem und Unreinem beinhaltet neben Hygienevorschriften (das Tauchbad *Mikwe*) diverse Vorschriften über Zusammensetzung und Zubereitung des Essens (*koscher*).

Diese Reinheitsgebote dienten ursprünglich der Abgrenzung von fremden Kulten und Religionen; heute führen sie im Zuge der interreligiösen Gespräche nicht selten zu Diskussionen, wie es beispielsweise beim rituellen Schlachten (*Schächten*) der Fall ist.

Christentum

Das Christentum ist eine Offenbarungsreligion, die sich auf einen Gründer beruft: Jesus von Nazareth. Die Bezeichnung »Christentum« muss dabei als ein Sammelbegriff für eine Vielfalt der unterschiedlich ausgeprägten Formen von Frömmigkeit verstanden werden, die auch theologisch mitunter weit auseinander gehen. Bezeichnend ist dabei, dass der Begriff der »Christen« wie auch des »Christlichen« eben nicht direkt auf den Namen des Gründers Bezug nimmt, sondern sich auf einen Titel beruft: Jesus ist der »Christus« (der Gesalbte), der als Sohn Gottes in die Welt kommt, um bei den Menschen zu sein und ihr Lebensschicksal bis in den Tod zu teilen.

Damit ist die Grundlage genannt, die alle Christen trotz unterschiedlicher Konfessionen vereint. Sie glauben daran, dass Jesus der Christus ist, also der Sohn Gottes, und somit als wahrer Mensch und eben nicht als ein Geistwesen zu betrachten ist. Darüber hinaus verbindet sie der Glaube an die Offenbarungskraft der biblischen

Christus am Kreuz, Gemälde von Abraham Janssens, um 1625.

Schriften, die in der Zusammensetzung aus Altem und Neuem Testament nicht nur auf die Glaubenszeugnisse, sondern auch auf deren Wurzeln hinweisen. Während das Neue Testament das Leben und Wirken Jesu zum Mittelpunkt hat und ebenso die daraus erwachsene Gemeinschaft von Jüngern und Jüngerinnen, aus denen später die Kirche erwächst, benennt das Alte Testament die jüdischen Quellen, mit denen das Christentum untrennbar verbunden ist.

Ohne Zweifel ist Jesus nicht nur als Jude geboren worden, sondern seiner Mutterreligion zeitlebens auch verhaftet geblieben. Er selbst trat als ein Prophet auf, der das bevorstehende Gottesreich ankündigte und diese Nachricht als »frohe Botschaft« (»Evangelium«) interpretierte. Die neue Welt, die er mit dem nahen Gottesreich ankündigte, ist eine Welt des ewigen Lebens, in dem alle Menschen Erlösung erfahren und von ihren Sünden freigesprochen werden. Seine Kritik traf insbesondere jene, die die jüdische Thora buchstabengetreu einforderten und dabei zu einer selbstgefälligen Gesetzlichkeit neigten, die nicht selten menschenfeindlich wirkte. Vor diesem Hintergrund entwickelte Jesus eine Ethik, die er als Erfüllung des Gesetzes predigte. Die Erhöhung der Nächstenliebe zur Feindesliebe, die Achtung der Würde des Menschen als Ebenbild Gottes und die umfassende Friedfertigkeit gehören zum Kern seiner Aussagen.

Mit dem Tod am Kreuz und der Botschaft von der Auferstehung Jesu erhält das Evangelium eine neue Qualität. Von den Jüngern wurde er nun als der lange erwartete Messias gesehen. Die Tatsache, dass die von Jesus gepredigte nahe Erwartung des Gottesreiches ausblieb, machte jedoch eine neue Interpretation notwendig, der zufolge mit dem Erscheinen Jesu als Sohn Gottes das Gottesreich bereits angebrochen ist und die Menschen, die an ihn glauben, in einer Zwischenphase leben, in der die Erlösung schon wirksam ist, die Erfüllung am Ende der Zeiten als Auferstehung der Toten jedoch noch aussteht.

Aus der Bewegung einer Jüngerschaft, die zunächst als prophetische Sekte innerhalb des Judentums galt, entwickelte sich eine

Urgemeinde, die durch intensive Missionsarbeit innerhalb des Judentums (Petrus) wie auch unter den so genannten Heiden (Paulus) allmählich zu einer Kirche mit Bekenntnisformeln und Bischofsamt wuchs. Neben der jüdischen Wurzel hinterließ insbesondere die hellenistische Kultur Spuren, so dass die Schriften des Neuen Testaments und erst recht die Theologie der frühen Kirche als eine gegenseitige Befruchtung orientalisch-jüdischer und griechisch-hellenistischer Gedanken interpretiert werden können.

Unter Kaiser Theodosius erlangte das Christentum im Jahre 380 schließlich den Status einer Staatsreligion. Heidnische Kulte wurden entweder verboten oder in den christlichen Glauben integriert, was zur Folge hatte, dass die Ausprägung des Christentums in dem römischen Weltreich eine entsprechende Vielschichtigkeit aufzuweisen hatte. Um dennoch die Einheit der Kirche gewährleisten zu können, waren jetzt theologische Klärungen gefragt. Im Zuge einer Reihe von Konzilen wurden die grundsätzlichen Interpretationsmöglichkeiten der christlichen Botschaft vereinheitlicht. Damit fand einerseits die Entwicklung einer einheitlichen Lehre bzw. die Entfaltung einer systematischen Theologie Förderung, andererseits wurden aber auch Konflikte provoziert, die Ausgrenzungen, Abspaltungen und Verurteilungen zur Folge hatten.

Neben dem Kreuz und dem Monogramm (*Christos*) gilt der Fisch als Symbol des Christentums. Die Bedeutung leitet sich von dem griechischen Wort *Ichthys* (Fisch) ab (*Jesus Christos Theou Yuios Soter* =Jesus Christus, Sohn Gottes, Heiland).

Islam

Der Islam gilt gegenwärtig als die Weltreligion mit den meisten Anhängern nach dem Christentum. Der Begriff »Islam« leitet sich von dem arabischen Wort *aslama* ab, das so viel bedeutet wie »sich Gott unterwerfen«. Wegweisend sind die Offenbarungen des Propheten Mohammed, die im Koran niedergeschrieben sind. Im Zentrum steht die Einzigartigkeit Gottes (*Allah*), er ist der Schöpfer und selbst nicht geschaffen, er hat weder Sohn noch ist er Vater, und niemand darf ihm an die Seite gestellt werden. Allah allein ist es, dem der bedingungslose Gehorsam gilt. Gestalten des Alten und Neuen Testaments wie beispielsweise Abraham, Moses und Jesus werden im Islam zwar anerkannt, gelten aber lediglich als Propheten, deren Wirken durch Mohammed als dem »Siegel der Propheten« übertroffen und abgeschlossen wird.

Zum Islam gehören alle, die sich zu ihm bekennen und in ihm den einzigen Gott anerkennen. Eine formelle Mitgliedschaft wie in der christlichen Kirche gibt es nicht. Wer allerdings den muslimischen Glauben angenommen hat, bezeugt es durch die Übernahme der Grundpflichten (»fünf Säulen« des Glaubens), die sich sowohl auf den Gehorsam gegenüber Allah beziehen wie auch auf den Umgang mit den anderen Menschen.

Diese Grundsäulen sind 1. das Glaubensbekenntnis (*Schahada*), 2. das rituelle Gebet (*Salat*), 3. das Fasten im Monat Ramadan (*Saum*), 4. die Pflichtabgabe (*Zakat*) und 5. die Wallfahrt nach Mekka (*Hadsch*). Das Zusammenleben der Menschen wird durch das göttliche Gesetz (*Scharía*) geregelt, bei dieser Auslegung gibt es allerdings Differenzen, die schon auf die Zeit Mohammeds zurückgehen.

Da Mohammed keine göttliche Bedeutung beigemessen wird, war die Regelung seiner Nachfolge strittig. Wer sollte nach seinem Tod Leiter der Gemeinde (*Kalif*) werden? In diesem Konflikt standen sich zwei Parteien gegenüber: Die eine vertrat die Ansicht, als

Illustrierte Koranseite, 15. Jh.

Leiter käme nur jemand in Frage, der familiär mit dem Propheten verbunden war, um so eine Art Erbfolgerecht zu schaffen. Dem entsprach der Schwiegersohn Ali, dessen Partei (*Schiá*) heute mit dem Namen der »Schiiten« verbunden ist.

Die andere Richtung wollte dagegen den Nachfolger wählen, und zwar aus den Reihen der engsten Gefolgsleute. Sie konnte sich schließlich mit dem ersten Kalifen Abu Bakr durchsetzen. Für die Anhänger dieser Partei, die sich neben den Schriften des Koran auch noch auf die überlieferten Aussprüche und Handlungsberichte Mohammeds wie seiner Gefährten (*Sunna*) beriefen, bürgerte sich dann der Name »Sunniten« ein.

»Ich bezeuge, dass es keine Gottheit gibt außer dem Gott; ich bezeuge, dass Mohammed der Gesandte des Gottes ist.«
Schahada, Bekenntnis der Muslime

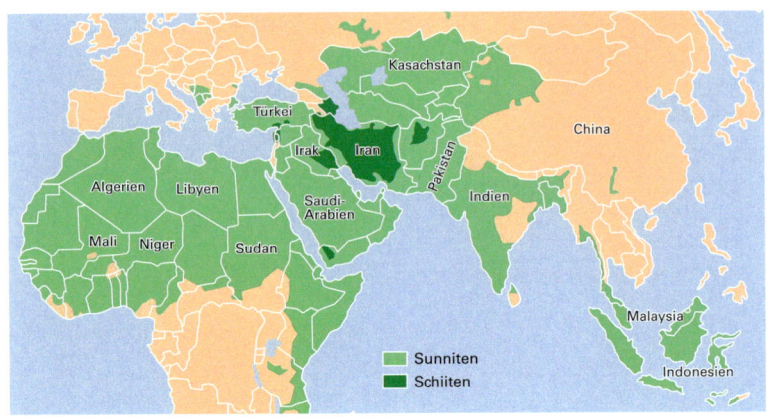

Verbreitung von Sunniten und Schiiten heute.

Die Auslegung des göttlichen Rechts, das prinzipiell nicht zwischen Staat und Religion unterscheidet, führt noch heute zu unterschiedlichen Stellungnahmen der islamischen Richtungen. So konnte etwa die Menschenrechtserklärung von 1948 von einigen islamischen Staaten unterzeichnet werden, von anderen wiederum nicht, da beispielsweise die Gleichberechtigung der Frauen weder aus dem Koran noch aus der Sunna abzuleiten ist.

Dass die staatliche Rechtsprechung der Religion untergeordnet ist und der Koran wie auch die Sunna nach wie vor als Richtschnur von Politik und Rechtsprechung gelten, führt speziell im Dialog zwischen muslimischen und abendländischen Kulturen zu Spannungen. So befindet sich der in einem europäischen Land lebende Moslem in dem Widerspruch, einerseits Allah Gehorsam zu schulden und dem göttlichen Gesetz zu folgen, andererseits aber auch die demokratischen Gesetze des Staates zu akzeptieren.

Ökumene

In der Umgangssprache wird häufig von »der« Kirche gesprochen, ohne dass dabei genauer zwischen den Institutionen unterschieden wird, die sich als Kirche bezeichnen. Dieser Sprachgebrauch hat einen Sinn, denn tatsächlich eröffnet das Reden von »Kirche« zwei unterschiedliche Dimensionen: Zum einen ist damit die geistliche Gemeinschaft all jener gemeint, die sich in der Nachfolge Jesu Christi wissen, zum anderen aber auch die Institution, die sich in der Gesellschaft um die Verwaltung der geistlichen Ämter kümmert. Insofern hat es sich eingebürgert, die unsichtbare »Kirche des Geistes« (*ecclesia invisibilis*) von der sichtbaren Amtskirche (*ecclesia visibilis*) zu unterscheiden.

Letztere hat sich in einer nunmehr 2000-jährigen Geschichte in zahlreiche Bekenntnisse unterteilt, wobei neben den theologischen Argumenten mitunter auch der Wunsch nach politischer Abgrenzung verantwortlich gemacht werden kann. Maßgeblich waren es drei große Trennungen (*Schismen*), durch die die weltweite Christenheit gespalten worden ist: die Trennung von Ostkirche und Westkirche in Folge der Synode von 451 in Chalcedon; die Trennung zwischen der mor-

> »Ich habe bei jenem Anlass gesagt, dass diejenigen, die an Christus glauben und durch die lange Reihe der Märtyrer miteinander verbunden sind, nicht gespalten bleiben können.«
> *Papst Johannes Paul II.*

genländischen, »orthodoxen« und der abendländischen, »römisch-katholischen« Kirche 1054; und schließlich die Trennung der evangelischen Kirche von der katholischen im Zuge der Reformation des 16. Jahrhunderts.

Wenn seit Anfang des 20. Jahrhunderts von »Ökumene« gesprochen wird, ist damit das Anliegen gemeint, angesichts der Spaltung der Amtskirchen den ursprünglichen geistlichen Kirchenbegriff als Gemeinschaft aller Christen nicht aus den Augen zu verlieren. Das Wort Ökumene bedeutet dabei so viel wie »Haus« und ist als Ausdruck für ein gemeinsames Leben unter einem Dach in verschiedenen Wohnungen zu verstehen.

Während die Bewegung der Ökumene anfänglich noch von dem Ideal ausging, die Spaltung der Amtskirchen zu überwinden, hat sich inzwischen die Tendenz durchgesetzt, eine »versöhnte Verschiedenheit« zu erreichen. Die ökumenische Annäherung soll also zu einem friedlichen Miteinander führen, ohne dass dabei die bunte Vielfalt an Traditionen und Riten aufgegeben werden muss.

Mit einem biblischen Motiv für ein solches versöhntes Nebeneinander kann man sich dabei direkt auf das Neue Testament berufen: So wie vier Evangelien parallel die Geschichte Jesu wiedergeben, dabei unterschiedliche Sichtweisen betonen und vielfältige Kulturen widerspiegeln, ohne den Eindruck einer Konkurrenz entstehen zu lassen, so sollte auch das Miteinander der Kirchen verstanden sein. »Der Ökumenische Rat der Kirchen«, der 1948 gegründet worden ist, zählte 1961 bereits 23 Mitgliedskirchen, wobei die römisch-katholische Kirche nicht Mitglied ist, sondern sich mit einem beobachtenden Status begnügt.

Als Symbol für das »Haus« der Ökumene kann die Grabeskirche in Jerusalem dienen. Dort, an dem Ort der Kreuzigung und Grablegung Jesu, hat Kaiser Konstantin schon 325 eine Kirche erbaut. Nach mehreren Zerstörungen wurde sie durch die Kreuzfahrer im 12. Jahrhundert weitgehend wiederhergestellt.

Seitdem beherbergt sie unter einem Dach Räume, die von sechs Kirchen verwaltet werden: der griechisch-orthodoxen, der römisch-katholischen, der syrisch-orthodoxen (»Jakobiten«), der armenischen, der äthiopischen Orthodoxie der Kirche Abessiniens und der koptischen Kirche Ägyptens (so genannte »Monophysiten«) – allesamt Bekenntnisse, die kirchengeschichtlich getrennt, ja sogar »verfeindet« sind, aber hier seit über 800 Jahren mehr oder weniger leidlich miteinander auskommen.

New Age

In den achtziger Jahren des 20. Jahrhunderts drängte eine Bewegung aus den USA nach Europa, die den Anspruch erhob, Elemente des Erlösungsgedankens aus verschiedenen Religionen mit einem wissenschaftlichen Anspruch zu verbinden. Als Reaktion auf die Herausforderungen des technischen Zeitalters propagierte sie eine Zeitenwende, mit der die Menschen in ihrem Bewusstsein eine neue Stufe der Evolution erreichen würden, in der das Ende aller Kriege und eine neue Aussöhnung zwischen Mensch und Natur erreicht würde. Unter Hinweis auf astrologische »Zeichen« wurde diese neue Ära der Menschheit das »Zeitalter des Wassermanns« genannt, in den USA war sie unter dem Sammelbegriff »New Age« bekannt geworden.

Vor dem Hintergrund der großen Krisen des 20. Jahrhunderts, den beiden Weltkriegen, ökologischen Katastrophen und einer zunehmenden Entfremdung des Menschen in der technokratischen Umwelt stieß diese Bewegung schnell auf große Resonanz und wurde sogar als ein Gegenmodell zur Moderne empfunden. Allerdings handelt es sich bei dieser Strömung weniger um ein in sich geschlossenes System, als vielmehr um eine Denkrichtung, die sich locker in Stichworten wie »Bewusstseinserweiterung«, »Selbstfindung«, »ganzheitliche Erfahrung«, »positives Denken« und »glo-

Unter dem Titel New Age findet sich heute die ganze Palette esoterischer Angebote, angefangen von magischen Praktiken, dem Kartenlesen und Pendelschwingen, bis hin zu Astrologie, Hexenglauben und diversen Psychotechniken. Ausgelöst wird diese Sehnsucht nach übersinnlichen Kräften durch die zunehmende Säkularisierung der Gesellschaft. Nicht alle der im New Age unternommenen Gedankengänge sind deshalb kategorisch abzuweisen. Als Orientierung kann dabei das Kriterium dienen, ob die Vertreter mit dem Anspruch auftreten, das Wissen aus einer anderen Welt selbst zu besitzen, und dieses dann in finanziellen Profit umsetzen.

> »Die Naturwissenschaftler kennen die Zweige des Baumes des Wissens, aber nicht seine Wurzel. Die Mystiker kennen die Wurzel des Baumes des Wissens, aber nicht seine Zweige. Die Naturwissenschaft ist nicht auf die Mystik angewiesen und die Mystik nicht auf die Naturwissenschaft – doch die Menschheit kann auf keine der beiden verzichten.«
> *Fritjof Capra*

bale Spiritualität« kundtut. Als verbindend kann allenfalls eine kritische Haltung zu den großen Religionen bzw. Kirchen beobachtet werden, deren Nachfolge die New-Age-Bewegung anzutreten beansprucht.

Das Ergebnis ist eine mehr oder weniger diffuse Vermischung von wissenschaftlichen Ansätzen aus Quantenphysik und Psychologie auf der einen Seite, mit astrologischen Beobachtungen und der Wiederbelebung alter Mythen auf der anderen. Unter dem Anspruch der »Ganzheit« werden Anleihen bei hinduistischen und taoistischen Traditionen genommen und mit populärphilosophischen Deutungen versehen, so dass ein weltanschaulich-spirituelles Gewebe entsteht, das mit dem Anspruch einer Therapie ein neues Bewusstsein verspricht, durch das die Probleme der alten Zeit definitiv überwunden würden. Auffallend an den diversen Erscheinungsformen des New Age ist die Betonung der persönlichen Entwicklung, die Vorrang vor aller sozialen Verantwortung genießt.

Konfuzianismus

Der chinesische Gelehrte Yu Chu hat einmal gesagt, dass der ganze Konfuzianismus in den wenigen Worten »Monarch und Beamter, Vater und Sohn, Mann und Frau, Alt und Jung, Freund und Freund« zusammengefasst werden kann. Tatsächlich basiert der Konfuzianismus auf der Überzeugung, dass das Wohlergehen der

Menschen wie der Welt auf der Harmonie der sozialen Beziehungen beruht. Die Verehrung der Eltern durch die Kinder wird dabei als naturgegeben vorausgesetzt, sie ist die Kraft, aus der Leben wächst, und auf sie beruft sich auch jede Ordnung. Sie entspricht dem Weg des Himmels und spiegelt die kosmische Harmonie wieder. Aus dieser Ehrfurcht gegenüber den Eltern, die sich in der altchinesischen Gesellschaft vornehmlich in der Beziehung des Sohnes zum Vater erweist, ergeben sich die weitergehenden sozialen Beziehungsfelder: die Loyalität zum Vorgesetzten, die Achtung zwischen Alt und Jung, die Verehrung zwischen Mann und Frau und die Verlässlichkeit von Freunden.

Für Konfuzius selbst ging es bei der Entwicklung seines Systems darum, eine verbindliche Norm für richtiges Verhalten zu entfalten, die nicht etwa durch die Vernunft begründet werden muss, sondern als vorgegebene Ordnung jenseits aller Zweifel steht. In der Liebe der Kinder zu ihren Eltern fand er diese Wurzel, auf die alle

Mächtiges Zentrum des Konfuzianismus: der Himmelstempel in Peking.

206 v. Chr.–220 n. Chr. (Han-Dynastie): Staatskult mit Konfuzius
687: Anordnung zur Errichtung von Konfuzius-Tempeln
12. Jahrhundert: Kaiserlicher Konfuziuskult
1530: der Konfuzianismus wird zur Staatsphilosophie erhoben
1906: Konfuzius wird per Edikt zur obersten Gottheit erklärt
1973: Kampagne Mao Tse Tungs gegen den »Sklavenhalter-Aristokraten«
Konfuzius.

Menschlichkeit bzw. Humanität zurückgeführt werden kann. Ohne Elternliebe gibt es für ihn keine Menschenliebe und auch keine stabile soziale Ordnung. Dabei nähert er sich mit seiner Grundforderung »Was du selbst nicht wünschst, das tue auch anderen nicht an« in auffallender Weise der Goldenen Regel aus dem Neuen Testament (Matthäus 7,12: »Alles, was ihr wollt, dass euch die Leute tun sollen, das tut ihr ihnen auch«). Bei den tugendhaften Verhaltensformen geht es also gerade nicht nur um formelle Etikette, wie sie der chinesischen Kultur immer wieder vorgehalten wird; für Konfuzius liegt hier die ethische Grundregel für das harmonische Zusammenleben der Menschen.

Entscheidend ist der Konfuzianismus durch den Gelehrten Menzius (Meng Zi) herausgebildet worden. Er war es, der die Lehren des Konfuzius, die bis dato nur mündlich überliefert worden waren, in schriftliche Form gebracht hat. Deutlicher noch als Konfuzius stellt Menzius die angeborene Güte in den Vordergrund und führt alles Böse auf mangelnde Bildung zurück. In dieser Tradition werden schließlich die konfuzianischen Schriften zum Gegenstand der Ausbildung und überdies zum Prüfungsgegenstand für alle Beamten. Eine andere gegensätzliche Perspektive brachte Xun Zi in die Lehre des Konfuzianismus: Seiner Überzeugung nach ist der Mensch von Natur aus schlecht und wird erst durch die Erziehung geprägt. Gerechtigkeit, Höflichkeit und Menschlichkeit sind für ihn Ergebnisse von Erziehungsmaßnahmen, wobei die Gesetze und die Führung durch den Staat notwendig werden.

In China hat der Konfuzianismus über die Tradition von mehr als 2000 Jahren die Bedeutung einer Staatsideologie angenommen. Auch durch die Kulturrevolution konnte sie nicht wesentlich geschmälert werden. Heute gilt der Konfuzianismus in China als eine Möglichkeit, Ethik unabhängig von Religion zu begründen. Schon deshalb wird stets betont, dass es sich bei dem Konfuzianismus um eine Philosophie handelt, wobei die religiösen Momente, die es in der Geschichte durchaus gegeben hat, ausgeklammert werden.

Hinduismus

Die Vorstellung von einer Religion des Hinduismus basiert eigentlich auf einem Irrtum. Zur Kolonialzeit wurde der Begriff von den Engländern in der Annahme übernommen, dass es sich bei den »Hindus« um Anhänger einer bestimmten Religion handelt. Tatsächlich verbirgt sich dahinter eine Vielzahl von Glaubensformen, die zwar alle in Indien beheimatet sind, die aber sehr unterschiedliche Strukturen aufweisen und deshalb nicht als ein einheitliches System dargestellt werden können. Insofern ist es auch schlüssig, wenn der Hinduismus auf keinen Gründer verweisen kann, dem ein ursprünglicher Ansatz zuzuordnen wäre.

Ein verbindendes Gottesbild existiert ebenfalls nicht, da sich im Hinduismus der Glaube an einen Gott (»Monotheismus«), an viele Götter (»Polytheismus«) oder auch an gar keinen Gott (»Atheismus«) nebeneinander finden lässt. Selbst die Zugehörigkeit zum Hinduismus ist schwer zu fassen, da man dieser Religion weder beitreten noch aus ihr austreten kann, sondern ihr nur durch die Zugehörigkeit zu einer Kaste von Geburt an angehört. Als gemeinsame Grundlage der verschiedenen Kultformen und Göttervorstellungen kann jedoch die Lehre von den Wiedergeburten der Seele angenommen werden. Wie im Buddhismus gilt der ewige Kreislauf

Der Besakih-Tempel auf Bali, errichtet am Fuße des Vulkans Gunung Agung, den die Balinesen als Mittelpunkt der Welt betrachten.

der Wiedergeburten als Verhängnis, das nur durch eine Erlösung beendet werden kann.

Das, was den Menschen über diese Reinkarnationen hinwegträgt und bestimmt und sein Schicksal entscheidet, wird im Hinduismus als »dharma« bezeichnet. Dharma erweist sich einerseits als Weltenordnung, als eine Art göttliches Gesetz, andererseits aber auch im persönlichen Schicksal. Der Mensch hat zwar die Möglichkeit, sein Schicksal durch das eigene Handeln (*karman*) zu be-

einflussen – durch eine moralische Lebensführung kann er ein
gutes »karma« ansammeln und
dadurch eine günstige Wiedergeburt erlangen –, aber prinzipiell
kann er dem durch die Götter
entschiedenen Weg nicht entflie-
hen. Nicht nur die Zugehörigkeit

> »Wer wie das Meer, in das die Was-
> ser strömen, das sich anfüllt und
> doch ruhig dasteht, wer so in sich
> die Wünsche lässt verschwinden,
> der findet Ruhe – nicht, wer ihnen
> nachgibt.«
> *Aus der ›Bhagavadghita‹*

zur Kaste, sondern auch Krankheiten, Armut und Schicksalsschläge werden dementsprechend geduldig hingenommen. Dem Glauben an die Wechselwirkung von göttlicher Bestimmung dharma
und persönlicher Verhaltensweise karma wohnt deshalb gleichzeitig eine sozial stabilisierende wie eine moralisch treibende Kraft
inne.

Die Götterwelt des Hinduismus ist schwer zu überschauen, weil
sich Gottheiten, Geistwesen und Dämonen der unterschiedlichen
Traditionen mischen und regional verschieden sind. An der Spitze
des Pantheons stehen jedoch der vierköpfig dargestellte »Brahma«
als Weltschöpfer, »Vishnu« als der Erhalter der Welt mit vier Armen
und der dreiäugige »Shiva« als Zerstörer der Welt. Zusammen mit
ihren Frauen »Saraswati«, »Lakschmi« und »Durga« genießen sie
Achtung, da sie selbst nicht der Seelenwanderung unterworfen
sind.

Als populärste Gestalten werden jedoch »Rama« und »Krishna« in der Volksfrömmigkeit verehrt, sie gelten als Erscheinungen
Vishnus in menschlicher Gestalt (Inkarnationen) und haben deshalb Biografien aufzuweisen, die in ihrer Nähe zum menschlichen
Schicksal zusätzliches Vertrauen erwecken. Die Legenden von
Krishna und Rama unterscheiden diese dann auch grundsätzlich
von den Göttern, die lediglich als Formen des abstrakten Welt-
geistes »Brahman« in der Welt des Scheins existieren.

Buddhismus

Mit Arthur Schopenhauer, der in seinem Wohnzimmer eine Statue Buddhas aufgestellt haben soll, begann der Buddhismus auch in Europa Einzug zu halten, und Nietzsche gab sich sogar als ein »Buddha für Europa« aus. Was die westlichen Intellektuellen des 19. Jahrhunderts so sehr an der asiatischen Religion faszinierte, war die Vorstellung von einer Religion der Vernunft, die zwar einen Weg zur Erlösung des Menschen aufzeigt, dabei aber nicht auf ein Gottesbild zurückgreifen muss. Diese Abkehr von der personalen Gottesvorstellung schien mit den naturwissenschaftlichen Erkenntnissen vereinbar. Insofern kann der Buddhismus weder zu den monotheistischen noch zu den polytheistischen Religionen gerechnet werden.

Der Begriff »Buddha«, von dem sich die religiöse Richtung des Buddhismus ableitet, wird dabei zwar meistens auf Siddhartha Gautama, der als Religionsstifter gilt, bezogen, ist letztlich aber keine Person, sondern der Titel für eine Bewusstseinsstufe. Im Prinzip kann jeder Mensch die höchste Stufe erreichen und damit zum Buddha werden, wenn er den Weg zur Erleuchtung einschlägt und konsequent geht. In der buddhistischen Lehre wird dieser Weg als »achtfacher Pfad« charakterisiert. Er wird nach drei Gruppen unterschieden und bezieht sich auf das Wissen (rechte Einsicht, rechter Entschluss), die Moral (rechte Rede, rechte Tat, rechter Wandel, rechtes Streben) und die Meditation (rechte Wachheit, rechte Versenkung). Ziel des Weges ist es, sich vom Leiden zu befreien, das

»Viel zu viel Energie wird in deinem Land darin investiert, den Intellekt zu entwickeln anstatt das Herz. Entwickle dein Herz, sei mitfühlend, setz dich für den Frieden ein, in deinem Herzen und für die Welt. Setz dich für den Frieden ein. Und ich sage es noch einmal, gib nie auf, egal was geschieht, egal was um dich herum passiert.«
14. Dalai Lama

Verbreitung des Buddhismus in Asien.

unabänderlich mit dem Leben verbunden ist. Diese Erlösung ist identisch mit dem Ausbruch aus dem ewigen Kreislauf der Wiedergeburten. Die Wiedergeburt ist also nicht das Ziel der Frömmigkeit, sondern im Gegenteil Ausdruck des Leidens. Wer sich diesem Schicksal entziehen kann, erreicht das »Nirvana«, eine befreiende Leere, die Seligkeit jenseits aller Lebensgier verheißt. Als Buddhist gilt aber nicht nur jener, der die Erlösung erlangt hat, sondern jeder, der sich zu den drei Juwelen bekennt: zum Buddha, zur Gemeinde und zur Lehre.

Dass dieser Weg in seiner konsequenten Weise nur für Mönche gangbar ist, wurde im Buddhismus schon früh problematisiert.

Eine Gruppe lehnte das Ideal des »Heiligen« (*arhant*) ab, da es zwangsläufig nur für eine Minderheit gelten kann und überdies zur Ablehnung aller sozialen Verantwortung führt. Diese Auseinandersetzung mündete im 3. Jahrhundert v. Chr. in eine Spaltung, wobei sich die Reformer als »großes Fahrzeug« (*Mahayana*) bezeichneten und ihre Gegner als Anhänger des »kleinen Fahrzeugs« (*Hinayana*) titulierten. Den Mahayana-Buddhisten galt fortan nicht mehr der »Heilige«, sondern der »Mitleidende« (*Bodhisattva*) als Ideal, da sie das Mitleid gleichrangig neben die Weisheit gestellt wissen wollten. Er, der Bodhisattva, verzichtet quasi freiwillig auf den Eingang ins Nirvana, um hier auf Erden auch den anderen Kreaturen zur Erlösung zu verhelfen.

Diese neue Form des Buddhismus findet sich heute in Tibet, China und Vietnam. Der traditionelle Buddhismus, der sich selbst als »altes Fahrzeug« (*Theravada*) bezeichnet, ist dagegen in Thailand, Sri Lanka, Kambodscha, Laos und Burma lebendig. Der Mahayana-Buddhismus hat allerdings nicht nur einen neuen Erlösungsweg formuliert, sondern auch die Entwicklung eines philosophischen Systems gefördert, in dem die Körperwelten in ihrer Beziehung zu Raum und Zeit neu bestimmt werden. Speziell im tibetischen Buddhismus wurden Vorstellungen von Göttern und Dämonen aus der alten Volksreligion integriert wie auch magische Praktiken im Umgang mit diesen Geistwesen, die die sichtbare und die unsichtbare Welt bevölkern. Am deutlichsten wird dieser Ansatz im Kontrast zum japanischen Zen-Buddhismus, in dem die Selbsterlösung durch Meditation alle anderen Formen der religiösen Praxis ersetzt hat.

Wichtige Epochen

Antike

Der Anfang der Philosophie wird meistens als Übergang »vom Mythos zum Logos« beschrieben. Mit diesen griechischen Begriffen ist die Spannung zwischen den beiden Möglichkeiten gemeint, das Weltgeschehen entweder in religiösen Erzählungen (mythologischen Bildern) zu deuten oder es mit den Mitteln der Vernunft (»Logos«) zu erfassen: In diesem Sinne waren die ersten Philosophen, die um die Mitte des 1. Jahrtausends v. Chr. in Griechenland auftraten, tatsächlich »Freunde des Wissens«, wie die direkte Übersetzung des Wortes »Philosoph« lautet. Sie begnügten sich nicht damit, die Welt der Götter bzw. der Naturgewalten in illustren Geschichten darzustellen, um daraus Konsequenzen für das eigene Handeln abzuleiten; stattdessen strebten sie danach, die Natur zu erklären, die Ordnung des Kosmos und das System der Weltentstehung zu deuten und aus diesen Erkenntnissen der »Wahrheit« Maßstäbe für eine gute Lebensführung abzuleiten.

Allem voran war es die Suche nach einem gemeinsamen Ursprung aller Dinge oder nach einem allgemein gültigen Prinzip, aus dem sich erklären lässt, warum überhaupt etwas *ist* und warum es *so* ist, wie es ist, und nicht etwa anders. In der ersten Phase dieser Suche nach einer »vernünftigen« Erklärung für die Welt steht die Frage nach einem »Urstoff« im Vordergrund. Thales von Milet unternimmt den Versuch, das Wasser als einen solchen Urstoff nachzuweisen, Anaximander propagiert einen unbestimmten Stoff als göttliches Urprinzip, und Anaximenes verfolgt die These, alle Dinge seien aus unterschiedlichen Verdichtungen der Luft zu erklären.

Für die Privatbibliothek Papst Julius II. (›Stanza della Segnatura‹) im Vatikan hat Raffael ein Fresko geschaffen, in dem die geistige Welt um 1510 verewigt worden ist. Diese ›Schule von Athen‹ zeigt unter anderem: Sokrates, Platon, Aristoteles, Diogenes, Ariston aus Chios, Demokrit, Heraklit, Xenophon, Pythagoras. Weiterhin finden sich Michelangelo, Ptolemäus, Archimedes, Kopernikus, Aristarchus von Samos u.a. Auf der rechten Bildseite hat sich Raffael auch selbst abgebildet, und zwar direkt neben Kopernikus, dessen neuem Weltbild er dadurch ein besonderes Gewicht verleiht.

In einer zweiten Phase wächst der Grad der Abstraktion; nicht mehr Elemente, sondern Prinzipien werden gesucht und gefunden: So entdeckt Pythagoras die Zahl als das, was alles erklärt und zusammenhält, Heraklit findet im Feuer einen Ausdruck für die Wandelbarkeit aller Substanzen, Demokrit geht schließlich von kleinsten Teilchen, den Atomen, aus, um das zu erklären, was die Welt im Innersten zusammenhält.

Alle diese Ansätze gehen mit einer Distanzierung zur überkommenen Götterwelt einher, die mit einem Mal allzu menschenähnlich erscheint, um den Ansprüchen auf rationale Erklärung noch genügen zu können. Allerdings führt die Entkräftung der alten

Werte auch zu Irritationen. Die Sophisten treten auf den Plan und behaupten, man könne die Welt gar nicht mit den bloßen Mitteln der Vernunft erklären. Nicht nur die Erkenntnis von Dingen sei für den Menschen relativ, sondern auch die Fragen der Moral und des Rechts. »Aller Dinge Maß ist der Mensch« behauptet Protagoras, der bedeutendste von ihnen, und begründet damit eine philosophische Richtung, die sich fortan fast ausschließlich der Redekunst (»Rhetorik«) widmet und durch die Beratung der Politiker das Philosophieren zu einem mitunter recht einträglichen Beruf macht.

Das ruft schließlich Sokrates auf den Plan. Entgegen der Skepsis der Sophisten und doch ihrem Interesse an der praktischen Philosophie der Lebensführung folgend, strebt er danach, gesicherte Werturteile zu begründen und durch eine kritische Klärung von Begriffen zu einer allgemeinen »Vernunftethik« zu gelangen. Mit Sokrates ist der Wendepunkt der antiken Philosophie erreicht. Durch ihn wie durch seinen Schüler Platon und dessen Schüler Aristoteles wird die Philosophie neu geordnet.

Nachdem Einzeldisziplinen wie Mathematik, Geometrie, Astronomie und Medizin sich verselbständigt haben, gilt Philosophie nunmehr als universelles System, das sich in die folgenden Bereiche untergliedert: die erste Philosophie (»Metaphysik«), Naturphilosophie (»Physik«), »Logik« als Lehre der Möglichkeit des Erkennens und die »Ethik« im Sinne von praktischer, angewandter

In der Zeit des Hellenismus entwickeln sich einzelne Disziplinen der Philosophie zu selbständigen Wissenschaften, die als Grundlagen der abendländischen Kultur gelten können. So gilt Hippokrates als Begründer einer wissenschaftlichen Medizin, Herodot als Ahnherr der Geschichtsschreibung; Archimedes leitet die Hebelgesetze ab und entwickelt ein mathematisches Verfahren zur Bestimmung von Rauminhalten; Erastostenes berechnet erstmals den Erdumfang und liefert damit die Grundlage, auf der Ptolemäus später die Astronomie zur wissenschaftlichen Disziplin erhebt. Sein geozentrisches Weltbild, aber auch die Berechnungen zu den Planeten und Fixsternen sind bis Kopernikus unumstößlich.

Die Akropolis in Athen als Symbol für antikes und hellenistisches Denken: Tempel der Athene, 5. Jh. v. Chr.

Philosophie. Zwei grundsätzliche Ansätze stehen sich dabei gegenüber: Zum einen ist es Platons Entwurf eines »Idealismus«, in dem das wahrhaft Seiende als Welt der nur geistig zugänglichen Ideen gedeutet wird. Darüber geht Aristoteles hinaus, indem er das Allgemeine in den Dingen selbst sucht, beobachtet und auswertet. Dieser auch als »Realismus« bezeichnete Ansatz teilt das Anliegen einer durch die Vernunft getragenen Erkenntnis, verbindet diese jedoch mit der sinnlichen Wahrnehmung.

In dem Dreigestirn Sokrates – Platon – Aristoteles erreicht die klassische Philosophie einen Höhepunkt, durch den nicht nur die Philosophie bis in die Gegenwart maßgeblich bestimmt ist, sondern auch das Selbstverständnis der Geistes- und Naturwissenschaften begründet wird.

Hellenismus

Die unter dem Begriff Hellenismus zusammengefasste Epoche griechischer Philosophie steht deutlich im Schatten der so genannten griechischen Antike, wird aber nicht selten mit ihr in einen Topf geworfen oder als deren Spätphase betrachtet.

Gegenüber Persönlichkeiten wie Sokrates, Platon und Aristoteles genießen die Philosophen Zenon, Epikur und Pyrrho eben nicht deren Popularität, obwohl die von ihnen gegründeten Schulen der Stoa, der Epikureer und der Skeptiker für die geistige Entwicklung des Abendlandes von nicht minderer Bedeutung sind. Auch wenn die hellenistischen Philosophen in einer direkten Tradition mit ihren Vorgängern verbunden sind, präsentiert sich diese Epoche doch als ein ganz neuer Abschnitt, der nicht nur die Rahmenbedingungen des Philosophierens verändert, sondern auch die Inhalte neu formuliert.

Die äußere Grundlage für diese veränderte Situation bildet der Zusammenbruch der griechischen Stadtstaaten und die Herausbildung eines Großreiches durch Alexander den Großen, das sich immerhin bis weit nach Zentralasien hinein erstreckte. Die daraus entstehenden Einflüsse anderer Kulturen, die vordem als »Barbaren« apostrophiert worden waren, machen sich nicht nur im Bereich der Deutung von Religion und in den Ausdrucksformen der Kunst bemerkbar.

Vor allem ist es die veränderte Stellung des Menschen in der Gesellschaft, der nun nicht mehr im Rahmen des Stadtstaates (*polis*) als mitverantwortlicher Staatsbürger gefragt ist, sondern sich als Untertan einem kaum mehr überschaubaren oder gar beeinflussbaren Weltreich einfügen muss. Kennzeichnend für die kosmopolitische Epoche der hellenistischen Philosophie ist deshalb ein tendenzieller Rückzug aus der politischen Verantwortung bei gleichzeitiger Verlagerung des Interesses auf das Schicksal der Einzelpersönlichkeit.

Die lebenspraktischen Fragen nach den Bedingungen für ein glückseliges Leben (*eudaimonía*), nach den Grundlagen des Erkennens und Handelns, vor allem aber nach den Normen für das sittliche Handeln treten stark in den Vordergrund, so dass die Philosophie insgesamt ein verändertes Ansehen erhält. Aus diesem Grunde wird die Philosophie des Hellenismus häufig auch unter dem Sammelbegriff »ethisch-religiöse Schulen« geführt.

Diese Entwicklung wird dadurch noch gefördert, dass zur gleichen Zeit einzelne, vordem noch der Philosophie zugeordnete Disziplinen wie Mathematik, Astronomie, Medizin, Technik und Mechanik eine wissenschaftliche Selbständigkeit erringen, aber auch im geisteswissenschaftlichen Bereich können sich die Philologie, die Grammatik und die Geschichte als weitgehend autonome Wissenschaften etablieren.

Damit verliert die Philosophie ihre überkommene Rolle als eine für »das Ganze« zuständige Universalwissenschaft und tritt mehr oder weniger gleichberechtigt an die Seite anderer Disziplinen, wobei ihr Logik, Metaphysik und Ethik als eigentlich philosophische Bereiche bleiben. Fragestellungen wie jene nach den Grundlagen des Erkennens bzw. der Möglichkeit gesicherter Aussagen etwa zur menschlichen Vernunft, die in der frühen Phase des Hellenismus noch im Vordergrund stehen, werden in der mittleren und späten Phase zunehmend verdrängt und durch eine Philosophie der praktischen Lebensführung ersetzt.

Die Stoiker

Als »stoisch« wird umgangssprachlich ein Mensch bezeichnet, der in seiner Unerschütterlichkeit unangreifbar wirkt. Der Ausdruck geht auf eine Schule zurück, die der aus Phönizien stammende Philosoph Zenon von Kition gegründet hat. Nach dem Versammlungsort in Athen, der *stóa poikíle* (»bunte Halle«), wurde auch die philosophische Richtung der Stoa benannt. In dem Bemühen, einen Weg für das gelingende Leben zu finden, fand Zenon in der Unerschütterlichkeit der Seele (*ataraxía*) jenes Ideal, das später sprichwörtlich geworden ist: »Verlange nicht, dass die Dinge gehen, wie du es wünschst, sondern wünsche sie so, wie sie gehen, und dein Leben wird ruhig dahinfließen.«

Obwohl sich der Stoizismus in seiner späten Phase auf die praktische Philosophie der weisen Lebensführung und somit auf Fragen der Ethik verengt, ist die Frühzeit doch bestimmt von einer aus Logik und Naturphilosophie geprägten Systematik, die der Ethik erst ihr Fundament liefert. Zenon geht davon aus, dass die Natur nach einem vernünftigen Plan geordnet ist, dem sich auch der Mensch einfügen muss.

Diese »Weltvernunft« (der Logos), die nicht nur als alles bewegende Kraft verstanden wird, sondern darüber hinaus göttliche Züge trägt und deshalb auch beispielsweise mit Zeus identifiziert werden kann, sorgt dafür, dass moralische Werte dem Menschen gewissermaßen eingeboren sind. Diese zu erkennen und das Verhalten der Menschen in die Zweckmäßigkeit des Naturganzen einzufügen, bleibt dabei die Aufgabe der Philosophie.

In der späteren Phase der Stoa tritt neben Lucius Annaeus Seneca, der als Erzieher Kaiser Neros von sich reden machte, vor allem Epiktet hervor, ein aus Phrygien stammender freigelassener Sklave. Mit Marc Aurel, dem Philosophen im Gewand des Kaisers, findet der Einfluss der Stoa, die nicht nur Philosophen unterschiedlicher kultureller Herkunft, sondern auch Sklaven und Kaiser nebeneinander duldet, schließlich ein Ende.

Die Epikureer

In einem besonders guten Ruf standen die Mitglieder der Schule, die Epikur aus Samos um 306 v. Chr. in einem Garten in Athen gründet hatte, nicht gerade: Als »Gartenphilosophen« wurden sie verspottet und sogar als »epikureische Schweine« tituliert. Verantwortlich für diese Verleumdungskampagne waren vornehmlich Stoiker, denn wie diese hatte auch Epikur die innere und äußere Ruhe des Gemüts als oberstes Ziel des Lebens formuliert, allerdings für die Erreichung dieser seelischen Gelassenheit, die er gerne als »Meeresstille« der Seele bezeichnete, einen Weg gezeichnet, der jenem der Stoiker diametral gegenübersteht. Nicht die Ausrichtung auf ein allein der Vernunft verpflichtetes tugendsames Leben mit der Abkehr von Affekten und Trieben, sondern die Lust war es, die Epikur zu dem bekannten Ausspruch »carpe diem« (genieße das Leben, nutze den Tag) führte.

Dass zu seiner Schule nicht nur Söhne aus angesehenen Patrizierfamilien gehörten, sondern auch Frauen und Sklaven, die in einer Lebensgemeinschaft den Alltag teilten und die Freundschaft (*philia*) als höchstes Gut bezeichneten, gab Anlass für ausufernde Gerüchte und jene Verleumdungen, wie sie unter anderem von den konkurrierenden Stoikern bewusst in Umlauf gebracht wurden. Tatsächlich trat in der Ethik Epikurs die Gegenüberstellung von Lust und Unlust an die Stelle der Polarität von gut und schlecht (»Ein Übel ist der Zwang, aber es besteht kein Zwang, unter Zwang zu leben«); allerdings wurde das keinesfalls im Sinne einer platten Genusssucht verstanden, denn Epikur ließ keinen Zweifel daran, dass die geistige Lust höher eingeschätzt wurde als die leibliche. Und auch in der konkreten Lebensführung zielten die Epikureer eher auf maßvollen Genuss denn auf ungezügelte Lust (»Wem weniger nicht genügt, dem genügt nichts«).

Entscheidend an der Lehre Epikurs sind zum einen die Relativierung der Vernunft zur Erkenntnis der Wahrheit und parallel dazu die Rehabilitierung der Gefühle, da alle Erkenntnisse auf individuell gedeuteten Wahrnehmungen basieren. Zum anderen steht der Abbau von Ängsten im Mittelpunkt, wodurch eine wirkliche Gelassenheit erst möglich wird. In diesem therapeutischen Ansatz, der Glückseligkeit durch die Befreiung von allen bevormundenden Abhängigkeiten, von Göttern und den von ihnen angedrohten Strafen, von Krankheit und Tod, Mangel und Not verheißt, liegt das

Faszinierende des Epikureismus. Die Existenz von Göttern wurde dabei zwar nicht angezweifelt, aber doch deren Auswirkungen auf das Leben der Menschen.

Geradezu verblüffend einfach erscheint in diesem Zusammenhang die Verneinung jeder Todesangst durch Epikur, denn: »Solange wir sind, ist der Tod nicht, und wenn der Tod ist, sind wir nicht. Was geht er uns also an?« Dass Epikur dabei von seinen Anhängern als Retter (*soter*) bezeichnet wurde, verlieh ihm selbst den Status eines quasi religiösen Heilsbringers.

Die Skeptiker

Dass der Weisheit letzter Schluss für den Menschen gar nicht zu erfassen ist, bleibt Überzeugung der Skeptiker. Gerade die Auseinandersetzungen der hellenistischen Schulen mit ihren jeweils dogmatischen Ansprüchen förderte das Bewusstsein, dass wohl nicht die Suche nach der Wahrheit an sich überflüssig sei, aber doch alle Wahrheitsansprüche letztlich nicht gesichert zu belegen seien. Da alle Erkenntnis von der sinnlichen Wahrnehmung abhängig ist, diese bekanntlich aber täuscht, kann es gar kein allgemein gültiges Wissen geben. Diese Haltung führte zu einer subjektivistischen und somit relativistischen Einschätzung aller Aussagen unter anderem in den Bereichen der Religion, der Ethik und des Rechts.

Indem also höchstens von einer Wahrscheinlichkeit, nicht aber von einer absoluten Wahrheit ausgegangen werden kann, empfahl sich für die Skeptiker eine Haltung des reinen Pragmatismus in der Lebensführung: Das Individuum möge sich in die Ordnung einfügen, aber sich nicht aufgrund ungesicherter Lehrmeinungen in einen Streit begeben. Nur so könne es den Seelenfrieden finden (»Weisheit ist Zurückhaltung im Urteil«). Im Sinne einer Schule wurden die skeptischen Ansätze durch Pyrrho von Elis geordnet. Als Soldat war er in den Alexanderfeldzügen bis Indien gekommen, die Begegnung mit indischen Asketen (*Yogis*) hat ihn beeindruckt und sich auf die Überzeugung ausgewirkt, dass es eben den einen Weg zur Wahrheit nicht gibt bzw. dass dieser niemals allgemein gültig mit Sicherheit begründet werden kann.

Die Neuplatoniker

Als neuplatonisch wird die von Plotin in Rom gegründete Schule bezeichnet, weil sie unmittelbar auf die Ideenlehre Platons zurückgeht. Der Ägypter Plotin, der in Alexandria aufgewachsen war und durch die Teilnahme am Feldzug gegen Persien unmittelbaren Kontakt zu den altorientalischen Religionen bekam, gestaltete die platonische Ideenlehre jedoch im Sinne einer Glaubensphilosophie um, die spekulatives Denken mit der Vermittlung religiöser Heilsbotschaften verbindet.

Auch Plotin geht wie Platon auf die Ideen als Urmächte zurück, stellt diese geistige Welt aber nicht in einen Gegensatz zur materiellen Welt, sondern verbindet beide miteinander. Gott ist für ihn das höchste Wesen (das »Ein und Alles«, die »Weltseele«) und Oberste aller Ideen, aus ihm bildet sich die Welt in Form von »Emanationen« (wörtl. Ausstrahlung durch ewiges Licht), und zwar in einer klaren Rangabstufung: Gott – Engel – Dämonen – Menschen – Tiere – materielle Dinge. Durch diese Emanationen hat alles Geschaffene Anteil am Göttlichen und kann durch spezielle Formen der Vergeistigung (»Askese« und »Ekstase«) sogar zur Erkenntnis des Höchsten emporsteigen, ja mit diesem verschmelzen.

Für die Ethik ist dabei ausschlaggebend, dass diese kosmische Einheit von »Sympathie« durchzogen ist, so dass ein Mitempfinden bzw. ein Mitleiden für die andere Kreatur den Maßstab für das eigene Handeln bildet. Der Neuplatonismus ist eine Form der mystischen Metaphysik, die besonderen Einfluss auf die Entwicklung der christlichen Theologie ausgeübt hat. In dieser Stellung steht er an der Grenze der hellenistischen Philosophie und markiert den Übergang zur Scholastik.

Scholastik

Die Philosophie des Mittelalters ist von dem Anspruch geprägt, die Autorität des christlichen Glaubens mit den Mitteln der Vernunft zu untermauern. Zunehmend rückte das Problem in den Vordergrund, mit den in Dogmen formulierten Glaubenswahrheiten nicht gegen die Erkenntnisse der Wissenschaften verstoßen zu dürfen, gleichzeitig jedoch auch den Glauben als höchste Instanz nicht aufgeben zu wollen.

Aus dieser Spannung entwickelte sich die Überzeugung, nicht die Vernunft alleine, sondern erst eine durch den Glauben gewissermaßen stabilisierte Vernunft könne zur Erkenntnis von wahrer Tiefe führen. Anselm von Canterbury, ein Benediktinermönch aus Agosta in Italien, der nach längerem Aufenthalt in Frankreich schließlich zum Erzbischof von Canterbury geweiht wurde, fasst diese Position in den Worten zusammen: »Credo ut intelligam« (»ich glaube, damit ich erkenne«).

Dieses Selbstverständnis ist zum Motto einer philosophischen Epoche geworden, die den Zeitraum vom 9. bis zum 15. Jahrhundert prägte und als »Scholastik« in die Geschichte der Philosophie eingegangen ist. Dieser Begriff leitet sich von »Schule« ab, denn seit dem 10. Jahrhundert waren vornehmlich an den Bischofssitzen Klosterschulen gegründet worden, durch die eine philosophisch-wissenschaftliche Beschäftigung mit Glaubensfragen erst möglich wurde. Scholastik steht folglich für den Versuch, die Wahrheit des

Der Aufschwung der Scholastik zeigt sich unter anderem an der Entstehung von Universitäten, die als direktes Ergebnis der scholastischen Bemühungen um eine Vermittlung von Theologie und Wissenschaft angesehen werden kann: Bologna und Paris (1175), Cambridge (1229), Oxford (1249), Prag (1348), Wien (1365), Heidelberg (1386), Köln (1388) und Erfurt (1392).

christlichen Glaubens durch philosophische Argumentation, das heißt durch eine systematische Logik zu »beweisen«.

Ein Problem trat dabei derart in den Vordergrund, dass es die Diskussion über mehr als 300 Jahre bestimmte und zum Inbegriff der scholastischen Philosophie wurde: der so genannte »Universalienstreit«. Mit »Universalien« sind Allgemeinbegriffe gemeint, die unabhängig von den stets sich ändernden und somit täuschenden Sinneswahrnehmungen das wahre Wesen der Dinge beinhalten. Sie entsprechen damit also dem, was seit der Philosophie Platons als »Idee« eines Dinges von der bloß äußeren Erscheinung unterschieden wird. Die entscheidende Frage, die sich aus dem Ansatz Platons für die Scholastik ergab, war jene nach dem Verhältnis der Dinge zu ihrem Allgemeinbegriff. Drei Antworten wurden darauf gegeben und damit zugleich drei Positionen vertreten, die zwar zeitlich aufeinander folgten, jedoch in ihrer Wirkung zeitgleich Bestand hatten:

In der ersten Phase, die hauptsächlich Anselm von Canterbury geprägt hat, wurden die Allgemeinbegriffe als *wirklich* und *vor* den Dingen bestehend herausgestellt (*universalia sunt realia et ante res*). Die Idee, die einer Sache zugrunde liegt, bekommt damit die Bedeutung einer objektiven Realität. Beispielhaft zeigte Anselm das mit seinem Gottesbeweis auf, indem er, von der Idee Gottes ausgehend, zwangsläufig auf dessen Existenz schloss.

In der zweiten Phase wurden die Allgemeinbegriffe noch immer als *wirklich* ausgegeben, jedoch nicht mehr *vor*, sondern *in* den Dingen bestehend (*universalia sunt realia et in rebus*). Hier war es Thomas von Aquin, der einerseits noch die Idee über die Erscheinung setzte, zugleich aber einräumte, dass Erkenntnis stets von der sinnlichen Erscheinung auszugehen habe. Den Beweis der Existenz Gottes wollte er nun nicht mehr als Schlussfolgerung aus der Idee führen, sondern als ursächlichen Beweger und Schöpfer der sinnlich wahrnehmbaren Welt.

In der dritten Phase der Scholastik wurden schließlich die Allgemeinbegriffe als wirklich vorhandene Realitäten aufgegeben.

Duns Scotus und Wilhelm von Ockham stellten die These auf, dass die Allgemeinbegriffe lediglich Namen seien und deshalb auch erst *nach* den Erscheinungen enstehen (*universalia sunt nomina et post res*). Der Allgemeinbegriff »Gott« wäre dann also nicht *vor* allen Dingen als Realität anzusetzen, auch nicht *in* den Erscheinungen gegeben, sondern stelle ein geistiges Produkt dar, das sich erst aus der Betrachtung der Dinge ergibt. Die Auseinandersetzung zwischen diesen »Schulen« der Scholastik, so erbittert und spitzfindig sie mitunter auch geführt wurde, ermöglichte immerhin die Gründung von Universitäten im 13. Jahrhundert. Die streng logisch geführte Argumentation in den Geisteswissenschaften verdankt jedenfalls der Scholastik ihr Fundament.

Humanismus und Renaissance

Die Schwelle zwischen Mittelalter und Neuzeit ist durch eine Reihe von Entdeckungen geprägt, die in ihren Auswirkungen kaum überschätzt werden können: Auf der Suche nach einem Seeweg nach Indien entdeckt Kolumbus 1492 Amerika; Nikolaus Kopernikus weist nach, dass die Erde sich um die Sonne dreht und nicht umgekehrt; Johannes Kepler erstellt ein Modell für die Umlaufbahnen der Planeten; Galileo Galilei beschäftigt sich mit Fallgesetzen und experimenteller Mechanik, vertritt dabei das kopernikanische Weltsystem derart kirchenkritisch, dass er von der Inquisition verurteilt und zum Widerruf gezwungen wird; und wohl am wichtigsten: Durch den Buchdruck kann sich Wissen in nie da gewesener Weise ausbreiten.

Diese Entdeckungen stehen im engen Zusammenhang mit einer geistigen Einstellung, die in der Epocheneinteilung unterschiedlich als Renaissance oder als Humanismus bezeichnet und zeitlich dem 14. bis 16. Jahrhundert zugeordnet wird. Die Abgrenzung ist nicht

›Vulgata‹, die lateinische Ausgabe der Gutenbergbibel, Mainz 1455.

eindeutig, allerdings hat es sich eingebürgert, in erster Linie die Bereiche der Künste als Renaissance zusammenzufassen, während die philosophischen Leistungen als Humanismus bezeichnet werden. Die Rückbesinnung auf die Philosophen der Antike, die Wiederbelebung deren Ideal einer frei sich entfaltenden Vernunft (Renaissance) und die Ausrichtung auf den Menschen (Humanismus), der nun als individuelle Persönlichkeit in Erscheinung tritt, jede Bevormundung von Kirche und Obrigkeit zurückweist und sich auf Bildungsideale als wirkliche Autorität beruft – diese beiden Seiten der Epoche bieten den Menschen eine Richtschnur, um sich in dem umgeworfenen Weltbild der Zeit zurechtzufinden.

Die Philosophie dieser Zeit wird von drei Aspekten beherrscht: erstens der Entwicklung des heliozentrischen Weltbildes (also der

Erkenntnis, dass nicht die Erde, sondern die Sonne im Mittelpunkt unseres Sonnensystems steht), das mit dem Gedanken der Unendlichkeit einhergeht; zweitens der einheitlichen Betrachtung von Kosmos, Geist und Natur, durch die einerseits naturwissenschaftliche Studien unterstützt, andererseits aber auch Mystik, Magie und Kabbalistik gefördert werden; drittens der Entdeckung des Individuums, durch die sich Kunst und Naturwissenschaften zu emanzipieren beginnen.

Nikolaus von Kues ist es, der – noch vor Kopernikus – nach dem Verhältnis zwischen der Unendlichkeit der Welt und der Endlichkeit der menschlichen Existenz fragt. Allein aus diesem Gegensatz leitet er die Grenzen der Erkenntnis für den Menschen ab: Dieser bleibt in der Zerrissenheit der Welt gefangen, er ist zwar in der Lage, sich mit seiner Vernunft in der Welt zurechtzufinden, beim Nachdenken über das Absolute gelangt er jedoch zwangsläufig an die Grenze des Erkennbaren. Die Gegensätzlichkeit von Diesseits und Jenseits, von endlich und unendlich, markiert die Grenze der menschlichen Vernunft, denn die Aufhebung dieses Gegensatzes (*coincidentia oppositorium*) kommt dem Absoluten bzw. dem Göttlichen gleich.

Deutlicher noch als im Falle Nikolaus von Kues' kann die Biografie Giordano Brunos als beispielhaft für die Philosophie der Renaissance gelten: Aus dem Dominikanerkloster musste der geweihte Priester fliehen, um seinen Studien nachgehen zu können. Mehr als 16 Jahre wanderte er als »freier Wissenschaftler« durch Europa, bis ihn die Inquisition doch einholte. Im Unterschied zu Galilei widerrief er seine Thesen jedoch nicht und wurde

> »Der erste Mensch, der die astronomische Situation unseres Planeten im Kosmos durchschaute – nämlich Giordano Bruno –, ist von seinen Mitmenschen dieser Erkenntnis wegen hingerichtet worden.«
> *Hoimar von Ditfurth*

deshalb in Rom als Ketzer verbrannt. Stein des Anstoßes war seine Lehre von der Welt, die sich aus kleinsten Teilchen (*Monaden*) zusammensetzt, die ihrerseits aus innerer Kraft zu größeren Einheiten streben. Als die höchste Einheit galt ihm zwar Gott, jedoch im Sinne eines kosmischen Leibes, in dem Geist, Vernunft und Natur eine großartige Einheit finden. Ein frommes Leben definierte er dementsprechend durch den Willen, die göttliche Natur sowohl in der eigenen Existenz als auch in den Naturgesetzen zu ergründen. Dass in dieses Modell die Vorstellung von einem Gottessohn, der Fleisch geworden ist, nicht hineinpasste, wurde ihm letztlich zum Verhängnis. Giordano Bruno hat, obwohl oder gerade weil er mit seinem Weltverständnis zu Lebzeiten gescheitert ist, die Moderne nicht nur beeinflusst, sondern den Weg dahin erst bereitet.

Rationalismus

Die Philosophie des 17. Jahrhunderts ist von einer Gegensätzlichkeit geprägt, die sich schon an den Biografien ihrer beiden wichtigsten Vertreter ablesen lässt. Auf der einen Seite der englische Lordkanzler Francis Bacon, ein Jurist und Politiker, der nach einer glanzvollen Karriere der Bestechung überführt und zu einer Gefängnisstrafe verurteilt wurde, die der König ihm jedoch gnädig erließ. Und auf der anderen Seite der Jesuitenschüler und Mathematiker René Descartes, der aus Furcht vor der Inquisition stets auf der Flucht war und sich deshalb zurückgezogen seinen Studien widmete, die er meistens auch noch anonym veröffentlichte.

So unterschiedlich sich beide Biografien darstellen, so gegensätzlich sind die Ansätze der philosophischen Systeme, die zumeist als Gegenüberstellung von »Rationalismus« und »Empirismus« charakterisiert werden. Obwohl beide Positionen verschiedene methodische Wege einschlagen und deshalb auch zu ganz anderen Ergebnissen kommen, reagieren sie doch auf die gleiche Herausforderung: Mit dem 17. Jahrhundert ist der Einfluss der

Naturwissenschaften auf das Leben und die Gesellschaft derart offensichtlich, dass die Philosophie darauf reagieren muss, wenn sie ihren Anspruch als oberste Wissenschaft nicht verlieren will. Das gilt nicht nur für Entdeckungen und Erfindungen, sondern vor allem für die Methodik der Erkenntnis.

Empirisch wissenschaftlich muss sich nun auch die Philosophie geben, und dabei sind es zwei prinzipielle Wege, die sich auch für die Geisteswissenschaft anbieten: der so genannte »induktive« Weg, bei dem der Wissenschaftler vom Einzelnen zum Allgemeinen fortschreitet, um aus Beobachtung und Experimenten allgemein gültige Gesetze abzuleiten; und das »deduktive« Verfahren, bei dem in umgekehrter Weise vom Allgemeinen auf das Besondere geschlossen wird. Hier ist es hauptsächlich die Mathematik, die mit ihrem Regelwerk das Muster abgibt, um aus der Gesetzmäßigkeit auch Rückschlüsse für den Einzelfall ableiten zu können.

Von der induktiven Methode geht Bacon aus, dessen Ansatz deshalb als »Empirismus« bezeichnet wird. Er orientiert sich an der Naturwissenschaft, behauptet, dass eine objektive Weltbetrachtung nur dann möglich ist, wenn der Mensch sich von allen Vorurteilen löst und durch eigene Beobachtung zu nachprüfbaren Erkenntnissen kommt. Der Nachteil dieses Ansatzes liegt auf der Hand, denn Bacon ist in der Konsequenz genötigt, alles aus der wissenschaftlichen Betrachtung auszuschließen, was nicht durch Beobachtung erfassbar ist. So klammert er nicht nur Metaphysik und Religionsphilosophie aus dem Kanon der Philosophie aus, sondern muss auch eine skeptische Haltung zur Mathematik einnehmen, weil diese sich nicht auf empirische Erfahrung berufen kann.

Ganz anders verfährt demgegenüber Descartes, der den deduktiven Weg einschlägt, von der Vernunft ausgeht und gesicherte Erkenntnisse durch streng logische Ableitung und methodischen Zweifel anstrebt. Er wird deshalb als Begründer des »Rationalismus« bezeichnet. Auch für ihn muss Philosophie streng wissenschaftlich sein, jedoch wählt er das logische System der Mathematik, das zum Muster seiner Denkprozesse wird. Das Problem liegt bei diesem Ansatz darin, dass die Wechselwirkung zwischen dem denkenden Subjekt (das Bewusstsein) und dem gedachten Objekt (die Körperwelt) für Descartes nur als physikalisches System vorstellbar ist, bei dem gefühlsmäßige oder intuitive Elemente ausgeklammert sind.

Theoretisch stellen Bacon und Descartes ihre unterschiedlichen Methoden durchaus dogmatisch gegenüber, praktisch verfahren sie jedoch weniger konsequent: Auch Bacon kommt letztlich ohne das Hilfsmittel der Mathematik nicht aus, und Descartes experimentiert sogar mit Glaskugeln, um die Gesetze der Optik zu erforschen. Zugespitzt wird die Auseinandersetzung in der Folgezeit durch die »Empiriker« Thomas Hobbes und John Locke auf der einen Seite und die »Rationalisten« Blaise Pascal und Baruch de Spinoza auf der anderen. Als radikalster Rationalist kann dabei Spinoza gelten, ein angehender Rabbiner, der 1677 sogar eine ›Ethik nach Art der Geometrie dargestellt‹ verfasste, daraufhin aus der jüdischen Gemeinschaft ausgeschlossen wurde und nach einem Mordanschlag fliehen musste. Geklärt wird die Auseinandersetzung zwischen den beiden Positionen erst durch Immanuel Kant.

Aufklärung

»Habe Mut, dich deines eigenen Verstandes zu bedienen!« Mit diesem Motto gibt Immanuel Kant in seiner Schrift ›Was ist Aufklärung?‹ (1783) eine Definition, die sogar als praktische Anleitung taugt. Den eigenen Verstand zu nutzen, sich von den Urteilen anderer unabhängig zu machen, vor allem sich von den allein auf Autorität beruhenden Anschauungen der Kirche und des Staates zu emanzipieren, mit skeptischem Blick alles zu überprüfen und nur das zu akzeptieren, was vor der Vernunft bestehen kann – das ist der Kern des Programms der Aufklärung.

Dabei handelt es sich um ein Weltbild, das der menschlichen Vernunft eine bis dahin ungeahnte Bedeutung ein-

»Aufklärung ist der Ausgang des Menschen aus seiner selbst verschuldeten Unmündigkeit. Unmündigkeit ist das Unvermögen, sich seines Verstandes ohne Leitung eines anderen zu bedienen.«
Immanuel Kant

räumt. Durch die Kraft, die der Vernunft zur Veränderung, zum Fortschritt und zur Freiheit zugesprochen wird, gerät die Aufklärung zu einer europaweiten Bildungskampagne. Die in 28 Bänden um die Mitte des 18. Jahrhunderts unter der Regie von Denis Diderot herausgegebene französische ›Encyclopédie‹, in der das Weltwissen für alle Menschen zugänglich gemacht werden sollte, ist Ausdruck dieses unbedingten Bildungswillens, der vom Bürgertum ausgeht und der das Volk zum Souverän erklärt.

Immanuel Kant ist sicherlich die herausragende Gestalt, die mit der Aufklärung in Verbindung gebracht wird, allerdings hat die Aufklärung zu seiner Zeit bereits ihren Höhepunkt erreicht. Als Wegbereiter können schon die Werke der rationalistischen Philosophie des 17. Jahrhunderts benannt werden, und neben dem Aufschwung der Naturwissenschaften ist es das ganz neu entfachte Interesse an der Geschichte, durch das diese Epoche ihr besonderes Gepräge erhält.

Vor allem aber darf hinsichtlich seines Einflusses auf die Entwicklung der Philosophie der Aufklärung zumindest in Deutschland auf keinen Fall Gottfried Wilhelm Leibniz unterschätzt werden. Er war ein wahrer Universalist unter den Philosophen, der darauf hingewiesen hat, dass zwar alle Erkenntnis auf empirischer Wahrnehmung beruht »man kann nichts wissen, was man zuvor nicht mit den Sinnen wahrgenommen hat«, der Verstand jedoch davon ausgenommen ist. Der Verstand selbst und der Geist müssen also unabhängig von aller Wahrnehmung vorgegeben sein. Damit ist alles Erkennen und auch das Wollen des Menschen für Leibniz eine Selbstentwicklung der Seele, der die Ideen bereits angeboren sind. Auf diese Weise kann er auch zwischen so genannten »notwendigen« und »tatsächlichen« Wahrheiten unterscheiden, denn nur die aus dem Verstand logisch abgeleiteten Wahrheiten sind notwendig, weil unbestreitbar, während die tatsächlichen Wahrheiten sich erst aus der Anschauung ergeben.

Damit ist bereits vorbereitet, was Kant zum System entwickelt. Schon die Titel seiner Hauptschriften (›Kritik der reinen Vernunft‹, ›Kritik der praktischen Vernunft‹, ›Kritik der reinen Urteilskraft‹) zeugen davon, dass es ihm eben um eine *kritische* Einschätzung der Vernunft geht, indem er die Möglichkeiten, aber auch die Grenzen der theoretischen und der praktischen Vernunft bestimmt, verschiedene Formen der Erkenntnis unterscheidet, zwischen verschiedenen Urteilen differenziert und dadurch zu einem Ausgleich zwischen der sinnlichen Erkenntnis durch Beobachtung und der begrifflichen Logik des Verstandes kommt. Kant ist es also, der die Philosophie der Aufklärung an ihrem Höhepunkt zusammenfasst und dabei zugleich schon die Grenzen formuliert, die in einer übersteigerten Hoffnung an die Möglichkeiten der Vernunft und den darin enthaltenen Fortschrittsglauben beruhen.

Diese Kritik wird in der Philosophie nach Kant aufgegriffen und bis in die Gegenwart fortgesetzt. Im 20. Jahrhundert sind es Theodor W. Adorno und Max Horkheimer, die sich mit dieser Fragestellung besonders beschäftigen. Für sie ist die Aufklärung zu einer Vernunftgläubigkeit geworden, die das Wissen mit Macht gleichsetzte, dabei zwar die Natur entzauberte, aber gleichsam zu ihrer Versklavung führte: »Die Menschen bezahlen die Vermehrung ihrer Macht mit der Entfremdung von dem, worüber sie Macht ausüben. Die Aufklärung verhält sich zu den Dingen wie der Diktator zu den Menschen.«

Idealismus

In der alten philosophischen Streitfrage, wem der prinzipielle Vorrang gebührt, dem Bewusstsein oder dem Materiellen, fällt der Idealismus eine klare Entscheidung zu Gunsten des Bewusstseins. Die Ideen von den Dingen sind für die Idealisten das, was objektiv wirklich ist, während im Materialismus allein die Materie den Grund aller Wirklichkeit abgibt.

Dieser Materialismus favorisiert die Naturwissenschaften (Naturalismus), stellt die an Erfahrungen gebundene Untersuchung und das Technische in den Vordergrund (Empirismus) und beschränkt schließlich die Vernunft auf das, was tatsächlich gegeben und ohne Zweifel zu erkennen ist (Positivismus). Jede Form der Spekulation über das, was hinter den Dingen liegt (Metaphysik), erscheint hier nicht nur unmöglich, sondern nutzlos und zum Teil sogar schädlich.

Demgegenüber geht der Idealismus davon aus, dass alles Wirkliche, auch die Welt der materiellen Dinge, letztlich nichts anderes als eine Erscheinungsform der Ideen ist. Da der Mensch in letzter Konsequenz über das, was objektiv gegeben ist, gar keine Aussagen machen kann, sondern lediglich aus der Perspektive seiner subjektiven Wahrnehmung urteilt, muss auch die Vernunft als Größe bestimmt werden, die sich von Ideen, vom Geist oder vom Bewusstsein ableitet.

Je nachdem, ob dabei von den Ideen ausgegangen wird, die als ursprüngliches Prinzip der materiellen Welt gelten, oder von der subjektiven Wahrnehmung des Menschen, spricht man entweder vom »objektiven« (Platon, Leibniz, Hegel, Schelling) oder vom »subjektiven« Idealismus (Descartes, Hume, Fichte). Im objektiven Idealismus wird die Welt der Materie zwar als objektiv vorhanden anerkannt, jedoch nur als Ergebnis geistiger Tätigkeit oder als Verkörperung eines geistigen Prinzips. Dem subjektiven Idealismus gilt dagegen alle Realität nur als ein Bewusstseinsinhalt, so dass eine unabhängig davon bestehende Außenwelt gar nicht gegeben ist.

In der Philosophiegeschichte erreichte der Idealismus im 18. und 19. Jahrhundert eine derart große Bedeutung, dass diese Zeit insgesamt unter dem Stichwort des »deutschen Idealismus« zusammengefasst wird. In der Tat waren es drei deutsche Philosophen, durch die der Idealismus zur vorherrschenden Denkrichtung wurde: Johann Gottlieb Fichte, Georg Friedrich Hegel und Friedrich Wilhelm Joseph von Schelling.

Wie eng die Systeme des Idealismus miteinander verzahnt sind, lässt sich schon aus den Biografien dieses Dreigestirns ablesen. Alle gehören einer Generation an und begannen ihren Weg mit dem Studium der protestantischen Theologie. Schelling studierte sogar gemeinsam mit Hegel am evangelischen Stift in Tübingen; alle drei wurden Dozenten bzw. Professoren in Jena (Fichte 1794, Schelling 1798, Hegel 1801), mussten diese Tätigkeit aber wieder aufgeben – Fichte übrigens, weil er des Atheismus verdächtigt worden war – und landeten auf unterschiedlichen Umwegen in Berlin (Fichte ab 1809, Hegel als Fichtes Nachfolger ab 1818 und Schelling bis 1841).

Aber auch in der Philosophie teilten alle drei zunächst ein gemeinsames Ziel: Sie wollten Schwachstellen in Kants Philosophie korrigieren und seinen Ansatz zum umfassenden System ausbauen. Mit der Zeit entwickelten sich die philosophischen Systeme jedoch in unterschiedliche Richtungen, so dass es zum Bruch kam. Zuerst verwarf Hegel Fichtes Ansatz, dann auch noch jenen von Schelling. Während Fichte mit seiner Entdeckung des absoluten Ich (»absolutes Sein«), aus dem das Selbstbewusstsein hervorgeht, entsprechende Beachtung fand und sogar zum ersten Rektor der Universität in Berlin ernannt wurde, verfiel Schelling angesichts der Ablehnung, die seine Identitätsphilosophie erfuhr, in Resignation. Seine Universitätsprofessur gab er schließlich auf und verbrachte seine letzten Lebensjahre vollkommen zurückgezogen in der Schweiz.

Hegel wurde mit seiner Philosophie des Geistes dagegen schnell zum berühmtesten Philosophen seiner Zeit, den man sogar als »deutschen Aristoteles« feierte.

Existenzialismus

Bei dem Begriff Existenzialismus mag man zunächst an die antibürgerliche Bewegung denken, die sich nach dem Zweiten Weltkrieg vor allem in Frankreich um Jean Paul Sartre scharte, an schwarz gekleidete, Pfeife rauchende Jugendliche, die durch absurdes Theater, schwermütige Musik und philosophische Romane ihre Überzeugung von der Absurdität des Lebens zum Ausdruck bringen. Sartre hatte mit seiner Überzeugung, dass das menschliche Dasein zufällig und vollkommen absurd sei, tatsächlich eine Bewegung ausgelöst, die der Philosophie zu einer bisher unbekannten Popularität verhalf. Dennoch ist der Existenzialismus Sartres nur Ausläufer einer Existenzphilosophie, die von dem Dänen Søren Kierkegaard ausging, durch Martin Heidegger einen Höhepunkt erreichte und bei dem Psychiater Karl Jaspers eine wesentliche Prägung erhielt.

Am Anfang der Existenzphilosophie stand eine Krise: Kierkegaard formulierte in seinen Arbeiten die Skepsis, ob es überhaupt eine objektive Wahrheit gibt oder ob nicht die ganze Welt vielmehr zwecklos sei, also ohne ein durch die Vernunft zu bestimmendes Ziel. Das Einzige, was für ihn Bedeutung hatte, war die unerklärbare Existenz des Menschen, der nach einem Sinn fragen muss, um das Leben bewältigen zu können.

Schon die Titel seiner Schriften verraten, in welchem Maße in seiner Philosophie der Zug zum großen Systementwurf von einer subjektiven Betroffenheit abgelöst wurde: Kierkegaard schrieb über ›Die Krankheit zum Tode‹, über ›Furcht und Zittern‹, über den

Martin Heidegger,
1959.

›Begriff der Angst‹ und kam dabei zu dem Ergebnis, dass alles Philosophieren nur einen Sinn ergebe, wenn es sich radikal den existenziellen Nöten des Menschen zuwendet und nicht spekulativen
Ideen, wie es im extremen Maße bei seinem Lehrer Schelling der
Fall war.

   Die zweite Phase der Existenzphilosophie ist durch Personen
gekennzeichnet, die in ihrem Wesen unterschiedlicher kaum hät-
ten sein können: Hier der schwäbische Bergwanderer Heidegger,
der sich in den Schwarzwald zurückzieht und eine seiner frühen
Schriften sogar dem »Feldweg« widmet; dort der Psychoanalytiker
Jaspers aus Ostfriesland, der das Meer liebt und mit einem gewissen
Hintersinn behauptet, dass Berge »die Sicht verstellen«. Dennoch

Karl Jaspers,
1940.

widmen sich beide – gleichwohl von unterschiedlichen Ausgangs-
punkten – den Fragen, die durch Kierkegaard aufgeworfen worden
waren.

Heidegger geht grundsätzlich an die Arbeit, entwirft eine »Exis-
tenz-Ontologie«, in der er untersucht, was überhaupt der Sinn und
die Bestimmung »des Seins« ist. Tatsächlich ist dieser für die Philosophie so wesentliche Begriff des Seins zuvor noch nicht hinrei-
chend erfasst worden. Heidegger weist nach, dass zwar alle von
Dingen und Menschen reden, die »sind«, dabei aber kaum eine
Auskunft darüber geben können, was »das Sein« eigentlich bedeutet. Wichtig ist für ihn diese Klärung schon deshalb, weil letztlich
das Verstehen der Welt das Verstehen der Existenz voraussetzt.

»Das ist Philosophie. Ich verstehe kein Wort. Aber das ist Philosophie.«
Carl Friedrich von Weizsäcker über Martin Heidegger

Für Jaspers, der mit Heidegger befreundet war, bis dieser mit den Nationalsozialisten zu sympathisieren begann, steht weniger die Sinnfrage und auch nicht die Systematik der Seinsbestimmung im Vordergrund, stattdessen versucht er, die Formen und Bedingungen der Existenz zu erhellen. Die Existenz selbst ist für ihn dabei nicht als Dasein zu bestimmen, sie ist keine feste Größe, vielmehr ist der Mensch in seinem Dasein eine mögliche Existenz, indem das in Freiheit gewählte Zusammenspiel von Denken und Handeln erst zu dem Selbstsein führt. Maßgeblich bestimmt wird diese Herausbildung der Existenz durch Kommunikation, die eine unabdingbare Voraussetzung darstellt. Erst indem sich der einzelne Mensch zum anderen in Beziehung setzt und dieser Beziehung gewahr wird, ist Selbstsein möglich.

Dieser Gedanke wird schließlich für Sartre wichtig: Auch für ihn vollzieht sich die Vergewisserung der eigenen Existenz durch das Gegenüber zum anderen, jedoch ändern sich dabei die Rahmenbedingungen. Während die Freiheit als Grundbedingung von Kommunikation bei Jaspers noch positiv gedeutet wurde, erweist sich der Freiheitsbegriff bei Sartre im extremen Maße als zweischneidig. Einerseits macht die Freiheit das Wesen des Menschen aus, verhilft ihm zur Selbstbestimmung, andererseits aber bedingt gerade diese Freiheit auch die Verlassenheit des Menschen, der sich auf keine anderen objektiv gültigen Richtwerte mehr verlassen kann. Dadurch ist der Mensch im Existenzialismus Sartres letztlich zur Freiheit verurteilt, wenn nicht sogar verdammt.

Wichtige Schauplätze

Alexandria

Wie der Name schon ausweist, wurde Alexandria von Alexander d. Gr. begründet. Das war im Jahr 332 v. Chr., und die Lage, die er für seine neue Hafenstadt ausgewählt hatte, erschien für sein Vorhaben viel versprechend: Dort, wo der Nil in das Mittelmeer mündet, begegneten sich Abendland und Morgenland, ein Austausch war deshalb nicht nur in wirtschaftlicher, sondern vor allem auch in kultureller Hinsicht zu erwarten. Insofern ist es kaum verwunderlich, dass Alexandria schnell zu der – neben Rom – größten Stadt der damaligen Welt heranwuchs.

Allerdings konnte Alexander die Früchte seiner weitsichtigen Gründung nicht ernten, denn schon acht Jahre nach der Stadtgründung starb er, und die Ptolemäer übernahmen das Regiment. Ihnen ist es auch zu verdanken, dass Alexandria für die nächsten Jahrhunderte zum geistigen Zentrum wurde, von dem wesentliche Impulse für die wissenschaftliche Entwicklung ausgingen. Eine aus Ägyptern, Griechen und Juden bunt gemischte Bevölkerung, die Größe der Stadt mit fast einer Million Einwohnern und die prachtvolle Architektur mit dem Wahrzeichen des als Weltwunder gerühmten Leuchtturms sorgten für den Ruf Alexandrias als »Stadt des Erdkreises«.

Unbestrittener Mittelpunkt war das »Museion«, die mit 700 000 Schriftrollen weitaus größte Bibliothek der Antike. Hier arbeiteten neben Bibliothekaren und Schreibern auch Wissenschaftler, so dass das Museion eigentlich weniger als Bibliothek denn als eine Forschungseinrichtung verstanden werden muss, sie war sogar mit

Gentile Bellini, ›Der Heilige Marcus predigt in Alexandria‹ (1504–1507, Mailand, Pinacoteca di Brera). Bellini, der wohl bedeutendste venezianische Maler seiner Zeit, von Kaiser Friedrich III. sogar zum Ritter und Pfalzgrafen ernannt, wurde um 1480 vom Sultan von Konstantinopel eingeladen, um ein Porträt des Herrschers zu malen. Im Zuge dieses Orientaufenthaltes kam er auch nach Alexandria und entwarf ein Bild der damals unter der Herrschaft der Mamelucken stehenden Metropole.

einer Sternwarte ausgestattet, in der Persönlichkeiten wie Archimedes ihren Forschungen nachgehen konnten.

Aber auch für Philosophie und Theologie war Alexandria in dieser Epoche die erste Adresse. Die Schriften des Aristoteles befanden sich hier komplett archiviert und konnten ausgewertet werden. Daneben arbeitete ein Team von 72 jüdischen Gelehrten daran, das Alte Testament in die griechische Sprache zu übersetzen (›Septuaginta‹) und damit eine Grundlage für die gegenseitige Befruchtung von hebräischen Traditionen und griechischer Philosophie zu schaffen. In der Philosophie des Neuplatonismus durch Plotin fand diese kulturelle Synthese später eine Gestalt, die nicht nur philosophische, sondern auch kirchengeschichtliche Auswirkungen hatte.

Für das Christentum war Alexandria der Knotenpunkt zum Orient: Von hier aus drang der ägyptische Isis-Kult nach Europa, der griechische Neuplatonismus schlug sich in der Katechetenschule des Klemens und Origenes nieder, die christliche Religionsphilosophie wurde begründet und das erste theologische System entwickelt. Zu dieser Zeit, im 2. Jahrhundert, war die weltberühmte Bibliothek zum großen Teil bereits vernichtet. Schon 47 v. Chr. hatte ein Brand die meisten Schriften der Bibliothek zerstört, als Julius Caesar die Stadt gewaltsam einnahm.

Die Herrschaft der Römer über Alexandria war alles andere als rücksichtsvoll. Dieser kulturelle Aderlass wiederholte sich später verstärkt, nachdem das Christentum zur Staatsreligion ausgerufen worden war und so genannte heidnische Traditionen mit Vehemenz verfolgt wurden. Davon war indirekt auch die alexandrinische Theologenschule betroffen, die sich im 4. Jahrhundert in dogmatische Streitigkeiten verstrickte, was zur Verdammung all jener Theologen führte, die von der orthodoxen katholischen Staatskirche abfielen. Damit war letztlich auch die Trennung zwischen abendländischen und morgenländischen Kirchen vorbereitet. Mit der arabischen Eroberung Alexandrias 641 n. Chr. verlor das einstige Zentrum endgültig an Bedeutung.

Athen

Der Göttin Athene, Tochter des Zeus und Herrin sowohl der Weisheit als auch der Kriegskunst, verdankt die Stadt den Namen, ihr ist ebenfalls der Tempel (»Parthenon«) auf der Akropolis gewidmet. Dass Athen tatsächlich nicht nur als Hauptstadt der Weisheit, sondern darüber hinaus sogar als Geburtsstätte der Philosophie gelten kann, hat sie über einen Zeitraum von rund einem Jahrtausend bewiesen.

Seit dem 5. Jahrhundert v. Chr. wirkten an diesem Ort Lehrer wie Anaxagoras, Protagoras und Gorgias. Die herausragende Trias von Sokrates, Platon und Aristoteles verhalf der Stadt im 4. Jahrhundert schließlich zum Ruf eines philosophischen Zentrums, so dass Denker – wie beispielsweise Zenon und Epikur – aus ganz Griechenland nach Athen kamen, um hier ihre Schulen zu gründen. Bezeichnenderweise konnte Athen diesen Status einer Kulturmetropole, die nicht wenige als Wiege der abendländischen Kultur rühmen, zu einer Zeit festigen, als ihre politische Bedeutung ihren Zenit bereits überschritten hatte. Ein Ende fand dieses Jahrtausend der Philosophie in Athen erst, als die von Platon gegründete Akademie 529 n. Chr. durch Kaiser Justinian für immer geschlossen wurde.

Wer heute die Hauptstadt Griechenlands besucht, eine Metropole, die im Großraum rund vier Millionen Einwohner zählt, wird von dieser Aura zunächst nur wenig mitbekommen: Das, was noch immer an die Blütezeit der griechischen Antike erinnert, ist die »Akropolis«, die sich majestätisch im Zentrum erhebt. Sie ist seit dem 5. Jahrhundert Sinnbild der demokratischen Bürgergemeinschaft der »Polis« und anhaltendes Ziel für Touristen aus der ganzen Welt. Stärker noch als die Akropolis ist die »Agora«, eine Art Marktplatz der Antike, dem eher kommunikative als wirtschaftliche Bedeutung zukam, mit dem Wirken der Philosophen verbunden. Das war der Ort, an dem Sokrates die Bürger Athens in Dialoge zu verknüpfen pflegte und seinen Schülern begegnete.

Das »Gefängnis des Sokrates«, das heute den Touristen gern gezeigt wird, hat dagegen keinerlei historische Bedeutung, ebenso wenig wie das »Haus des Schusters Simon«, in dem Sokrates die

Wer heute nach Athen fährt, um die Wiege der europäischen Kultur zu besuchen, muss sich darauf einstellen, dass ca. 50 Prozent aller Arbeitsplätze, die sich in der Industrie Griechenlands finden lassen, in Athen verortet sind. Ebenso sind es mehr als die Hälfte aller Autos, die im Großraum Athen zugelassen sind. Entsprechend extrem ist die Umweltbelastung, wobei die hohen Abgaswerte nicht nur den Menschen zu schaffen machen, sondern auch zunehmend die antiken Stätten bedrohen. So wurde der berühmte Parthenontempel in den letzten 20 Jahren durch Umweltgifte mehr beschädigt als in den 2000 Jahren zuvor.

Kinder Athens unterrichtet haben soll. Wer die historischen Wirkungsstätten der philosophischen Schulen besuchen will, muss sich ein wenig weiter vom antiken Stadtzentrum entfernen. Die Akademie Platons lag im Nordwesten, durchaus idyllisch gelegen in der Gartenanlage, die dem Heros *Akademos* gewidmet war und ihm auch den Namen verdankt.

Auch die Schule des Aristoteles (die Peripatetiker) erhielt ihren Namen von dem Ort, an dem sich die Schüler trafen. Es war die Wandelhalle (*Peripatos*) des Lykeion im Osten der Stadt. Epikur legte ebenfalls Wert auf die Ruhe des Gartens am Rande der Stadt (*Kepos*), nur Zenon traf sich mit den Seinen in einer Säulenhalle der Agora (*Stoa Poikile*), die ihnen dementsprechend den Namen »Stoiker« einbrachte. Von all diesen Orten ist allerdings nichts mehr zu sehen, da sich über dem Randgebiet des antiken Athen heute die Wohnhäuser einer Millionenstadt erheben. Eine weitere, weniger philosophische als vielmehr religiöse Bedeutung erhält Athen in der christlichen Tradition durch den Apostel Paulus. Seine Rede auf dem »Areopag« war es, mit der die Mission über Israel hinausgehend einen Weg in die Welt fand, und der hieß damals: die hellenistische Welt. Diesem Teil der Geschichte Athens sind zahlreiche Kirchen und Klosteranlagen der Stadt gewidmet.

Bethlehem

Wie keine andere Stadt ist Bethlehem speziell für die Christen mit Gefühlen und Erinnerungen aus der eigenen Kindheit behaftet: Kaum jemand denkt bei dem Wort Bethlehem nicht wie selbstverständlich an die Geburt Jesu, an die häuslichen Weihnachtsfeste und an alles das, was mit der Feier um die Krippe in der Bethlehemer Herberge verbunden ist. Erst demjenigen, der sich auf die Reise macht, um die durch unzählige Krippenspiele bekannte Stätte

Bethlehem gilt heute als Stadt, die in allen drei monotheistischen Religionen eine besondere Bedeutung hat. Im Judentum wird sie als Geburtsort König Davids und Rachels, der Frau Jakobs, verehrt. Im Christentum gilt sie als Geburtsstätte Jesu, und auch im Islam wird Bethlehem als Geburtsort des Propheten Isa (Jesus) geschätzt. Während Bethlehem lange Zeit eine deutlich christlich geprägte Region innerhalb Palästinas darstellte, haben sich mittlerweile die Bevölkerungsverhältnisse verschoben: Inzwischen überwiegt der moslemische Anteil mit rund 30 000 Einwohnern.

selbst in Augenschein zu nehmen, erschließt sich ein ganz anderes Bild: Bereits die Eingangsstraßen werden durch israelisches Militär kontrolliert, denn Bethlehem liegt inmitten der Westbank und ist eine palästinensische Stadt, die mittlerweile von israelischen Siedlungen geradezu umzingelt wird.

Das hat auch Auswirkungen auf den christlichen Tourismus. Die meisten Busse kommen nur für einen Kurzaufenthalt, um die »Geburtskirche« zu besichtigen und eventuell noch einen Abstecher zu den »Hirtenfeldern« zu machen, die bei dem Vorort »Bet Sahur« lokalisiert werden. Die Bevölkerung Bethlehems, die in großen Teilen aus christlichen Palästinensern besteht und das arabische Gepräge der Stadt nicht leugnet, betrachtet den Trubel mit Skepsis, denn ihr Ort hat tatsächlich mehr zu bieten als nur Krippe und Stall. Das gilt umso mehr, als Bethlehem in der Forschung heute als historischer Geburtsort des Jesus von Nazareth kaum noch in Frage kommt.

In der Geschichte Israels rückte Bethlehem im 11. Jahrhundert v. Chr. in den Blickpunkt, als aus dieser »kleinsten Stadt Judas« der Hirtenjunge David zum König erwählt wurde. Dieser Anlass war dafür verantwortlich, dass gut tausend Jahre später die Geburt Jesu in die judäische Stadt verlegt wurde. Der Prophet Micha hatte nämlich in seiner Vorhersage das Kommen eines Herrschers über ganz Israel auf den Herkunftsort Davids festgelegt. Später wurde diese Prophezeiung messianisch interpretiert, so dass auch die Deutung,

Jesus sei der lange erwartete Messias, auf die Rückführung zum Hause Davids angewiesen war.

Um das Jahr 248 berichtet der Kirchenvater Origenes davon, dass die Geburtshöhle das Ziel zahlreicher Pilger sei, obwohl doch Kaiser Hadrian genau an dieser Stelle eine Kultstätte für Adonis, den Geliebten der Aphrodite, hatte erbauen lassen. Mit dieser heidnischen Umwidmung sollten zwar alle Erinnerungen an christliche Traditionen getilgt werden, allerdings wurde damit genau das Gegenteil erreicht. Denn als Kaiser Konstantin 326 zum Gedenken an die Geburt Christi eine große Basilika errichten wollte, konnte er sich auf einen Ort mit langer Tradition berufen, der durch den heidnischen Tempel markiert worden war. Damit änderte sich die Bedeutung des ruhigen Städtchens grundsätzlich.

Auf geheimnisvolle Weise blieb die Geburtskirche auch durch die zahlreich folgenden Kriege unbeschädigt. Selbst bei der Eroberung durch die Perser im 7. Jahrhundert, die zahlreiche Kirchen im Lande niederbrannten, trug sie keinerlei Schaden davon. Der Legende nach sollen sie von der Abbildung der Heiligen drei Könige aus dem Morgenland, in denen sie sich selbst erkannten, derart beeindruckt gewesen sein, dass sie die Kirche verschonten. So ist die Basilika über der vermeintlichen Geburtsgrotte eine der ältesten Kirchen überhaupt.

Die Ungewissheit, ob es sich um einen historisch richtigen Ort handelt, wird dabei längst durch das Gewicht der 2000-jährigen Tradition überlagert. Da mag es geradezu symbolisch wirken, wenn auch der Zeitpunkt differiert: Die alljährliche Weihnachtsfeier findet hier nämlich gleich drei Mal statt, denn die orthodoxe Kirche feiert am 6. Januar, die katholische am 25. Dezember und die armenische am 18. Januar, weil sie unterschiedlichen Kalendern folgen.

Jerusalem

Ohne Zweifel ist Jerusalem die Stadt mit der vielschichtigsten religiösen Bedeutung und zugleich einer der meistumkämpften Orte der Welt. Gleich drei Weltreligionen beanspruchen diese »Heilige Stätte« für sich, da sie untrennbar mit der jeweiligen Glaubensgeschichte verbunden ist. Es sind dies die monotheistischen Religionen des Judentums, des Christentums und des Islam.

Für die Juden gilt Jerusalem – in der hebräischen Sprache *Yerushalajim* – als »Stadt Davids«, da er es war, der den noch recht unscheinbaren Ort um 1000 v. Chr. zum Zentrum der vereinigten Nord- und Südreiche machte (Israel und Juda). In dieser neuen Hauptstadt ließ der König die Bundeslade, die das Volk Israel auf seiner Wanderschaft durch die Wüste als höchstes Heiligtum stets mit sich führte, in einem Zelt aufstellen und festigte damit Jerusalem sowohl als politisches wie auch als religiöses Zentrum.

Erst seinem Nachfolger, König Salomo, war es allerdings vorbehalten, die Stadt durch den Bau eines Tempels zum eigentlichen Staatsheiligtum zu erheben. Die Stadt ist freilich wesentlich älter: Urkunden aus dem 14. Jahrhundert v. Chr. weisen sie als einen Stadtstaat in Kanaan mit dem Namen »Urusalim« aus, was so viel bedeutet wie »Stadt des *Schalim*«, einer Naturgottheit des »Wohlergehens«. Nach der Übernahme der Stadt durch David und den Sieg über die in dieser Region herrschenden Philister war es erforderlich, den Ort auch kultisch stärker in den Traditionen Israels zu verankern. So kam es zu einer Gleichsetzung eines der Hügel, auf denen die Stadt erbaut worden war, mit dem Berg »Morija«, jener Stätte, an der – den biblischen Erzählungen zufolge – Abraham einst durch Gott von der Opferung seines Sohnes Isaak abgehalten wurde. Dieser Abkehr vom Menschenopfer entspricht auch die Deutung des Berges »Zion«, der Jerusalem als »Stadt des Friedens« ausweist. Vom Zion geht die Hoffnung aus, dass einst Frieden und Gerechtigkeit ihren Weg in die Welt finden mögen.

Blick vom Ölberg auf Jerusalem.

Nachdem der Tempel 70 n. Chr. durch die Römer endgültig zerstört und nicht wiederaufgebaut wurde, änderte sich die Bedeutung der Stadt: An die Stelle des irdischen Jerusalem trat fortan das Bild von einem »himmlischen Jerusalem«, bei dem die Tore der Stadt allen Menschen für ein friedliches Zusammenleben offen stehen – eine Vorstellung, die allerdings angesichts der anhaltenden Streitigkeiten unter den Glaubensrichtungen als Vision bestehen muss. Für die Christen verlagerte sich damit auch das religiöse Zentrum der Stadt; nicht der ehemalige Tempelplatz, sondern die Stätte der

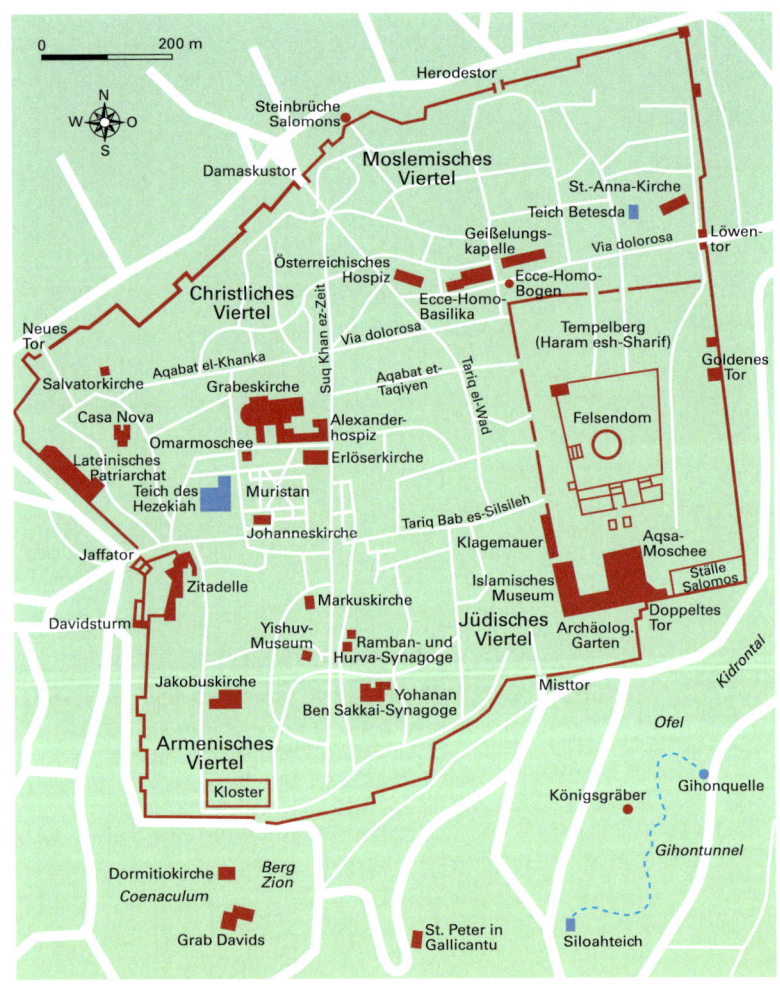

0   200 m

N
W   O
S

Herodestor

Steinbrüche
Salomons

Damaskustor

**Moslemisches
Viertel**

St.-Anna-Kirche

Teich Betesda

Geißelungs-
kapelle

Via dolorosa

Löwen-
tor

Österreichisches
Hospiz

Ecce-Homo-
Bogen

**Christliches
Viertel**

Ecce-Homo-
Basilika

Suq Khan ez-Zeit

Via dolorosa

Tempelberg
(Haram esh-Sharif)

Neues
Tor

Aqabat el-Khanka

Salvatorkirche

Aqabat et-
Taqiyen

Goldenes
Tor

Grabeskirche

Casa Nova

Alexander-
hospiz

Tariq el-Wad

Felsendom

Omarmoschee

Erlöserkirche

Lateinisches
Patriarchat

Teich des
Hezekiah

Muristan

Johanneskirche

Tariq Bab es-Silsileh

Aqsa-
Moschee

Jaffator

Klagemauer

Ställe
Salomos

Zitadelle

Markuskirche

Islamisches
Museum

Davidsturm

Yishuv-
Museum

Ramban- und
Hurva-Synagoge

**Jüdisches
Viertel**

Archäolog.
Garten

Doppeltes
Tor

Kidrontal

Jakobuskirche

Yohanan
Ben Sakkai-Synagoge

Misttor

Ofel

**Armenisches
Viertel**

Kloster

Königsgräber

Gihonquelle

Gihontunnel

Dormitiokirche

*Berg
Zion*

Coenaculum

Grab Davids

St. Peter in
Gallicantu

Siloahteich

Plan der Jerusalemer Altstadt.

Hinrichtung und Grablegung Jesu, der Felsen Golgota, wurde zum
Mittelpunkt der christlichen Welt. Der Leidensweg Jesu vom Ölberg, dem Garten Gethsemane über die Burg Antonia bis zur »Gra-

beskirche«, die 326 n. Chr. auf Initiative der Mutter Kaiser Konstantins am Ort der Kreuzigung errichtet worden war, wird bis auf den heutigen Tag als »Via Dolorosa« von Pilgern aus der ganzen Welt aufgesucht, obwohl sich die Lage wie auch die Route archäologischen Forschungen zufolge in den vergangenen zweitausend Jahren mehrfach verändert hat.

Wiederum eine andere Bedeutung hat Jerusalem – im Arabischen wird sie *el Quds* (»die Heilige«) genannt – für die Moslems. Nach der Eroberung durch den Kalifen Omar im Jahre 638, der die Vorherrschaft der Byzantiner über die Stadt mit Unterstützung von jüdischer Seite brechen konnte, gewann auch das ehemalige Areal des Tempels wieder an Bedeutung. Auf dem Platz, der in der byzantinischen Zeit zum Müllplatz degradiert worden war, ließ der Kalif Abd al-Malik 691 n. Chr. den Felsendom erbauen. In erster Linie wollte er den islamischen Pilgerstätten Mekka und Medina eine Alternative an die Seite stellen und sein Kalifat von den konkurrierenden Machthabern unabhängig machen. Der Legende nach soll der Prophet Mohammed von diesem Ort aus seine nächtliche Reise auf dem Wunderpferd »el-Burak« in den Himmel angetreten haben. Ein Fußabdruck des Pferdes wird den Besuchern des Felsendoms noch immer gezeigt.

Ein Jahr nach der Gründung des Staates Israel (1948) wurde Jerusalem zur Hauptstadt ernannt. Die Altstadt ist dabei nach wie vor in vier Bezirke unterteilt, von denen jeweils einer jüdisch, christlich und islamisch dominiert wird und ein weiterer den Armeniern vorbehalten ist. Der Kampf um die Stadt Jerusalem, über deren Schicksal bereits Jesus Tränen vergossen haben soll, dauert an. Zurzeit geht es um politische Ansprüche, die sowohl von jüdischer als auch von palästinensischer Seite gestellt werden. Der Vorschlag, die Altstadt zum politisch neutralen Zentrum der drei monotheistischen Religionen zu erheben, erscheint plausibel, findet jedoch auf Seiten der Kontrahenten kaum Zustimmung.

Lhasa

Die im südöstlichen Himalaja gelegene Stadt Lhasa besticht schon auf Grund ihrer extremen Höhenlage von 3685 Metern über dem Meeresspiegel. Der Ort, der immer wieder als »Dach der Welt« umschrieben wird, gilt nicht nur der tibetischen Bevölkerung als Nationalheiligtum, das in der Regel einmal im Jahr besucht werden sollte, sondern er ist auch das Ziel von Pilgern aus der ganzen Welt. In erster Linie sind das Buddhisten, darüber hinaus geht von dem Sitz des Dalai Lama auch eine eigentümliche Faszination für Angehörige anderer Religionen aus, die in der kargen Landschaft wie auch in der Begegnung mit der archaischen Frömmigkeit der Bevölkerung spirituelle Erfahrungen suchen.

Wesentlich zum Ruf des von zahlreichen Mythen umhüllten Ortes trägt die Tatsache bei, dass Lhasa bis in das 20. Jahrhundert als »verbotene Stadt« galt. Um das Leben in der von einer umfassenden Klosterkultur geprägten Gesellschaft nicht zu gefährden, waren Besucher nicht erwünscht und Tourismus überhaupt nicht denkbar. Das änderte sich erst mit der chinesischen Besatzung ab 1959, durch die der Dalai Lama ins Exil weichen musste. Dies zerstörte große Teile der religiösen Kultur Tibets, andererseits wurde dadurch der ungehinderte Besuch Lhasas erst möglich.

Im 7. Jahrhundert wurde die Stadt Sitz der tibetischen Könige, Songtsen Gampo gilt als ihr Begründer. Seiner Heirat mit einer nepalesischen und einer chinesischen Prinzessin wird die Einführung des Buddhismus in Tibet zugeschrieben, außerdem ließ er den »Jokhang«-Tempel bauen, der mit seiner Statue des Buddha »Jobo Shakyamuni« noch immer als höchstes Heiligtum des tibetischen Buddhismus und als geistiges Zentrum Lhasas gilt.

Eine wesentliche Veränderung erfuhr die Bedeutung Lhasas im 17. Jahrhundert. Durch Unterstützung der kooperierenden Mongolen wurde der 5. Dalai Lama Ngawang Lozang Gyatso auch zum weltlichen Herrscher über Tibet ernannt. Da der Dalai Lama

Tibetischer Pilger im Potala in Lhasa.

(»Ozean des Wissens«) als Wiedergeburt eines Bodhisattvas ange-
sehen wird, kann er nicht demokratisch gewählt, sondern nur auf
Grund bestimmter Zeichen »ausfindig« gemacht werden. Seine auf
Wiedergeburt beruhende Nachfolge begründete damit eine Art
Theokratie, in der nicht mehr zwischen geistlichem und weltlichem
Regiment unterschieden wurde.

Sichtbaren Ausdruck fand diese neue Ausrichtung in dem Bau
des Potala-Palastes in Lhasa, der seitdem als Regierungssitz der
Dalai Lamas auch eine spirituelle Bedeutung hat. Seit 1965 ist
Tibet eine »autonome Region« unter dem Protektorat Chinas, der
14. Dalai Lama (Tendzin Gyatso) musste ins Exil, in das indische

Dharamsala fliehen. Seine Rückkehr nach Lhasa wird von der chinesischen Regierung trotz erheblicher Proteste bis heute verweigert. An der Beachtung, die Lhasa als Mittelpunkt des tibetischen Buddhismus erfährt, hat das allerdings nichts geändert.

Tendzin Gyatso lautet der bürgerliche Name des 14. Dalai Lama. Am 6. Juli 1935 wurde er in Nordwesttibet geboren und nach Vollendung des ersten Lebensjahres als Reinkarnation seines Vorgängers ausfindig gemacht. Nach einer speziellen Erziehung im Potala-Palast trat er 1940 sein Amt als geistliches und weltliches Oberhaupt Tibets an. Infolge des Einmarsches chinesischer Truppen musste er 1959 fliehen und fand in Indien in Dharamsala eine ständige Bleibe. Von dort vertritt er seitdem im Rahmen einer Exilregierung die Interessen des tibetischen Volkes.

Mekka

Die in Saudi-Arabien gelegene Stadt Mekka gilt im Koran als »Mutter der Städte« und ist noch vor Medina und Jerusalem die heiligste Stadt des Islam. Ausdruck findet das in der Verpflichtung, mindestens einmal im Leben eine Wallfahrt nach Mekka (*Hadsch*) zu unternehmen, die für alle Gläubigen, Männer wie Frauen, eine der fünf Grundpflichten darstellt.

Zielpunkt der Pilger ist die Große Moschee mit dem Heiligtum der Ka'aba in ihrer Mitte. Bei ihr handelt es sich um ein würfelförmiges Gebäude (13 Meter lang, 12 Meter breit und 15 Meter hoch), das vollkommen fensterlos ist und von einem schwarzen Seidentuch eingehüllt wird. Von den Pilgern wird dieses »Haus Gottes« (*Bait Allah*) in einem rituellen Weg siebenmal entgegen dem Uhrzeigersinn umrundet. Der Legende nach soll Abraham mit seinem Sohn Ismael die Ka'aba erbaut haben; erst nachdem Mohammed

Die Ka'aba in der Großen Moschee zu Mekka.

630 die Stadt eroberte und den größten Teil der Bevölkerung auf seine Seite ziehen konnte, wurde dieses Gebäude zum Haus (*Haram*) des Islam.

Zwar bereinigte Mohammed die alte Kultstätte von allen Götterstatuen, die nun als heidnische Relikte galten, jedoch beließ er einen kleinen schwarzen Kultstein (*Hadschar al-aswad*), der in die Mauern der Ka'aba eingearbeitet ist. In der Volksfrömmigkeit genießt dieser vermeintliche Meteorit hohes Ansehen, wird von den Gläubigen berührt oder sogar geküsst; allerdings ist er für den Islam von untergeordneter Bedeutung, hat keine magische Wirkung und dient allenfalls der Erinnerung an die Traditionen.

Auch wenn Mekka schon in vorislamischer Zeit nicht nur als wichtiger Verkehrsknotenpunkt an der Weihrauchstraße, sondern darüber hinaus auch als Wallfahrtsort bekannt war, ist seine Bedeutung als religiöses Zentrum des Islam der Tatsache zu verdanken, dass hier der Prophet Mohammed (um 570) geboren wurde.

Nach Mekka, aber noch vor Jerusalem, gilt Medina als die zweitheiligste Stadt des Islam. Von den Gläubigen wird sie als »die Erleuchtete« (*al-Munawwara*) gerühmt.

Während Mekka also als Geburtsort des Propheten verehrt wird, beherbergt Medina seine Grabstätte. Allerdings ist jeglicher Personenkult an der Grabstätte bis heute untersagt, um hervorzuheben, dass es sich bei Mohammed zwar um einen Propheten, aber eben um einen Menschen gehandelt hat, dem selbst kein göttlicher Status zukommt.

Die Bedeutung Medinas bezieht sich deshalb weniger auf die Person Mohammeds, als vielmehr auf die Entstehungsgeschichte des Islam: Nachdem Mohammed 622 mit seinen Anhängern aus Mekka emigrieren musste, um Konflikte mit ablehnenden, ja sogar feindlichen Stämmen zu vermeiden, verlagerte er seinen Sitz nach Medina. Hier entwickelte sich das erste kulturelle Zentrum des Islam: Medina war die erste Stadt, die sich zum Islam bekannte, in der die ersten drei Kalifen wirkten und bestattet wurden. Von bleibender Bedeutung wurde der Gelehrte Malik Ibn Anas, der in Medina eine Rechtsschule gründete, die für die Auslegung des Koran bis heute grundlegend ist.

Mit den Worten »Allahu akbar« (Gott ist größer) beginnen die rituellen Pflichtgebete, die alle Moslems fünf Mal am Tag verrichten, indem sie sich in Richtung Mekka bis zum Boden verneigen.

Paris

Die Stadt an der Seine mit dem Louvre und dem Künstlerviertel des »Quartier Latin«, mit der Vorliebe für exquisites Essen und der Ausstrahlung des »savoir vivre« (der Kunst des leichten Lebens) wird auf den ersten Blick wahrscheinlich kaum als herausragendes Zentrum der Philosophie eingeschätzt. Und doch muss Paris an vorderer Stelle genannt werden, wenn es um die Entwicklung der Philosophie in Europa geht. Mit einer auffallenden Kontinuität waren hier vom 12. Jahrhundert bis zur Gegenwart, also für einen Zeitraum von mehr als 800 Jahren, geistige Größen in Lehre und Forschung tätig, und zumindest ein Besuch dieser philosophischen Hochburg wurde geradezu als obligatorisch empfunden. Drei große Epochen sind es, die in diesem Zusammenhang hervortreten: die Scholastik, die französische Aufklärung und schließlich der Existenzialismus im 20. Jahrhundert.

Schon seit dem 12. Jahrhundert übernahm Paris eine führende Rolle im Universalienstreit der Scholastik, also in der Grundsatzdebatte, wie sich die Begriffe der Dinge zum Wesen der Dinge verhalten. Allen voran war es Peter Abaelard, der als großer Vermittler zwischen Vernunft und Glaube eine kritische philosophische Theologie begründete und damit Widerspruch hervorrief. In erster Linie waren es die in der Mystik beheimateten Theologen wie Bernhard von Clairvaux und später Meister Eckhart, die sich gegen scholastische Spekulationen wendeten und konsequent eine Kontrolle des Glaubens über die Vernunft forderten.

Dem von Abaelard eingeschlagenen Weg folgte der deutsche Universalgelehrte Albertus Magnus mit seiner wegweisenden Auslegung der Schriften des Aristoteles. Auch sein Schüler Thomas von Aquin, der wohl bedeutendste Vertreter der Scholastik, lehrte in Paris, ebenso der Schotte Duns Scotus.

Dass ausgerechnet Paris in dieser Zeit zu einem Zentrum der Gelehrsamkeit erwachsen konnte, hat verschiedene Ursachen: Die wichtigste ist die Gründung der »Sorbonne«, der zweitältesten Universität Europas, die seit 1200 gerade den Theologen einen Ort bieten konnte, an dem philosophische Studien relativ unabhängig betrieben werden durften. Erst dadurch wurde die Entwicklung einer an der Vernunft orientierten skeptischen Haltung möglich, die schon den Keim der Aufklärung in sich barg und mit der Erhebung des logischen Zweifels zum Prinzip bei René Descartes einen Höhepunkt fand.

Erst vor diesem Hintergrund wird auch die Bewegung der französischen Aufklärung im 18. Jahrhundert verständlich. Hier sind es die Enzyklopädisten, die unter der Führung von Denis Diderot und Jean Le Rond d'Alembert das Wissen der Zeit in einem opulenten Werk von insgesamt 45 Bänden zusammentrugen. Zu den bekanntesten Mitarbeitern dieses Archivs der Erkenntnisse gehören Charles-Louis de Montesquieu, François Marie Voltaire und Jean Jacques Rousseau. Ihnen allen ist der Anspruch gemeinsam, durch die Vernunft und die Beseitigung von Vorurteilen die Lebenssituation der Menschen verbessern zu helfen.

Allein Rousseau stellt sich kritisch gegen eine allzu optimistische Fortschrittsgläubigkeit und propagiert mit seiner populären Forderung »retourner à la nature« (zurück zur Natur) eine Art Mittelweg. Ein Ergebnis des rationalistischen Ansatzes der Philosophen der Aufklärung ist die auf Freiheit zielende Geschichtsphilosophie, die dann in die Französische Revolution mündet.

Im 20. Jahrhundert wird Paris schließlich zum Zentrum einer philosophischen Bewegung, die sogar breite Kreise der Bevölkerung erfasst: des durch Jean Paul Sartre geformten atheistischen Existenzialismus auf der einen Seite und des christlich geprägten Existenzialismus durch Gabriel Marcel auf der anderen. Dafür, dass der philosophische Existenzialismus nicht nur Expertenkreise berührt, sondern die Intellektuellen in ganz Europa befruchtet, ist unter anderem die neue Sprache verantwortlich. Sartre, und neben ihm Albert Camus, beschränkt sich nicht auf die herkömmliche Form der systematischen Abhandlung, sondern vermitteln die Lebenshaltung des Existenzialismus durch Romane, Theaterstücke und sogar Rundfunksendungen.

Dadurch wird Paris noch einmal zu einem unbestrittenen Philosophenzentrum Europas, von dem zahlreiche Einflüsse auf die weitere Entwicklung ausgehen. Ein Resultat dieser Entwicklung ist nicht zuletzt die 1946 gegründete UNESCO (United Nations Educational Scientific and Cultural Organizations) mit ihrem Sitz in Paris.

Rom

Bei Rom denkt man vorrangig an den Sitz des Papstes bzw. an das Zentrum der römisch-katholischen Kirche, die den Ort zum Bestandteil ihrer konfessionellen Zuordnung gemacht hat. Dieser Ausweis des »Römischen« ist nicht unwichtig, wird damit doch eine Grenze zu anderen »katholischen« Kirchen, wie etwa der griechisch-katholischen, der altkatholischen oder auch den protestantischen Kirchen gezogen, die ebenfalls die »Katholizität« (das »Allgemeine«, das »Umfassende«) für sich beanspruchen.

Bedeutsam wurde die Zusatzbezeichnung des Römischen erst mit der Spaltung der Oströmischen (Byzanz) von der Weströmischen Kirche (Rom) im Jahre 1054. Die Stadt diente nun dazu, eine Vorrangstellung für die römische Kirche und vor allem für den Papst zu beanspruchen; dieser konnte sich als Nachfolger der Apostel Paulus

Blick auf Petersdom und Vatikan.

und Petrus bezeichnen (»apostolische Sukzession«), die in Rom den Märtyrertod gefunden hatten, und den Bischofssitz zum »Apostolischen Stuhl« erklären. Dass Rom noch bis zur konstantinischen Wende im 4. Jahrhundert, durch die das Christentum zur Staatsreligion erklärt wurde, als Stadt der brutalsten Christenverfolgung bekannt war, konnte diesen neuen Anspruch nicht verhindern. Im Gegenteil legen die Katakomben, in denen sich die Verfolgten immer wieder verschanzten und die den interessierten Pilgern bis auf den heutigen Tag gern gezeigt werden, ein beredtes Zeugnis für das Schicksal ab, das auch Paulus und Petrus ereilte.

Aus der Zeit der Christenverfolgung stammt ebenfalls die Bezeichnung Roms als »Hure Babylon« in der Offenbarung des Johannes, die den schlechten Ruf der Stadt dokumentiert. Das änderte sich schlagartig, nachdem Kaiser Konstantin um 324 den Grundstein für die Peterskirche legte. Als Standort wählte er einen etwas am Rande der Stadt, direkt neben dem berüchtigten Circus Kaiser Neros gelegenen Friedhof, auf dem auch die Gebeine der verstorbenen Märtyrer bestattet waren. Eines dieser Gräber, das durchaus jenes des Apostels Petrus hätte sein können, wählte er zum Mittelpunkt seiner neuen Apostelkirche. Dieser frühe Bau – eine der ersten Kirchen von herausragender Bedeutung – wurde im 16. Jahrhundert durch eine neue Anlage ersetzt, bei der Michelangelo als einer der Bauherren zeichnete. Für die Repräsentationsräume, durch die die Allianz von weltlicher und kirchlicher Macht zum Ausdruck gebracht werden sollte, berief man Raffael zum päpstlichen Hofmaler.

Im 20. Jahrhundert änderte sich die Rolle Roms für die Kirche insofern, als durch die Lateranverträge (1929) die päpstlichen Anlagen einen autonomen Status erhielten und der Vatikan im Gegenzug dafür Rom als Hauptstadt Italiens anerkannte. Die »Vatikanstadt« (*Città del Vaticano*) stellte fortan ein selbständiges Staatsgebiet dar, das zwar aus der Grundfläche von nur einem halben Quadratkilometer besteht, dafür aber diplomatische Beziehungen und eine eigene Palastwache unterhält (Schweizer Garde), einen Rundfunksender und eigene Universitäten betreibt und überdies einen eigenen Staatshaushalt führen kann. 1947 wurden diese Lateranverträge in die italienische Verfassung übernommen.

Angesichts einer derart mit der Geschichte der Kirche verknüpften Vergangenheit wird oft übersehen, dass Rom auch als Stadt der Philosophen eine nicht geringe Bedeutung hat. Philosophen wie die Stoiker Seneca, Cicero und der »Philosophen-Kaiser« Marc Aurel sorgten dafür, dass die stoischen Ideale wie die Ableitung der Sittengesetze aus der Vernunft auch im römischen Recht Fuß fassen konnten. Außerdem wirkte hier Plotin, der in Rom zahlreiche Anhänger fand, so dass sich der Neuplatonismus hier erst richtig entfalten konnte; und schließlich Boethius, den man den letzten Römer und ersten Scholastiker genannt hat, weil er den Übergang von der aristotelischen Philosophie zur christlichen Philosophie markiert. Sein Buch ›Trost der Philosophie‹, das in der letzten Zeit eine eigentümliche Renaissance erlebt hat, entstand übrigens in Kerkerhaft, bevor der philosophierende Politiker hingerichtet wurde.

Das Schlagwort vom »Ewigen Rom« (*Roma aeterna*), das korrespondierend zum »Himmlischen Jerusalem« eine Vorrangstellung signalisieren und der Stadt eine besondere Rolle zum Ende aller Zeiten zuordnen soll, hat also verschiedene Dimensionen. Unbestritten ist, dass Rom über die Jahrtausende hinweg stets eine herausragende Bedeutung hatte, sei es als Hauptstadt des Römischen Reiches, als Stadt der Philosophen oder als Sitz des Papstes.

Santiago de Compostela

Gleich nach Jerusalem und Rom gilt eine kleine Stadt im Norden Spaniens als der wichtigste Wallfahrtsort für christliche Pilger aus der ganzen Welt: Seit dem 8. Jahrhundert wird hier das Grab des

Apostels Jakobus aufgesucht, wobei der Weg zu der Grabstätte den Pilgern häufig noch wichtiger erscheint als der Ort Santiago de Compostela selbst. Durch ganz Europa ziehen sich wie ein Labyrinth »Jakobswege«, die zum Teil mit Pilgerherbergen gesäumt sind und alle in die Jakobskathedrale zu Santiago münden.

Unter den Pilgern, die sich, nur mit Hut, Stab und Pilgertasche ausgestattet, auf den Weg machten, soll sogar Karl der Große gewesen sein. Dass sich ausgerechnet dieser kleine Ort in Spanien mit den Gebeinen des Jakobus schmücken kann, mag Verwunderung hervorrufen. Wie sollen die Überreste des Apostels nach Galizien gekommen sein, während die Apostelgeschichte doch ausdrücklich davon berichtet, dass Jakobus in Jerusalem durch Herodes Agrippa I. hingerichtet worden ist? Die Erklärung zu diesem Rätsel findet sich in einem Bericht aus dem 9. Jahrhundert, dem zufolge der Leichnam des Jakobus von anderen Jüngern zunächst auf ein Schiff gebracht worden ist. Von dort, so die Legende, wurde er von Engeln in den Himmel entführt und an der Küste Nordspaniens wieder ausgesetzt, um hier bestattet zu werden.

Die Geschwindigkeit, mit der sich der Kult um die neu entstandene Wallfahrtsstätte ausbreitete, hat verschiedene Gründe: Zum einen war Jakobus schon in alten Dokumenten als der Apostel ausgezeichnet worden, dem die Mission Spaniens aufgetragen worden war. Er, der doch zu den »Zwölfen« gehörte, die Jesus selbst zu Jüngern berufen hatte, konnte nun zur Identifikationsfigur für die christliche Kirche in Spanien werden, die nach einem eigenen Profil suchte und dafür eben auch ein entsprechendes Heiligtum benötigte. So nimmt es auch nicht wunder, wenn Santiago schon im 9. Jahrhundert zum Bischofssitz avancierte, der sich sogar anschickte, in Konkurrenz zu Rom zu treten. Zum anderen war es die Reliquienfrömmigkeit, die seit dem 7. Jahrhundert die Volksmassen ergriffen hatte. Der Besuch solcher von der Kirche als »echt« anerkannter heiliger Gegenstände konnte zur Sühne von Schuld eingesetzt werden. Um dem wachsenden Andrang gerecht zu werden, wurde 1075 mit dem Bau einer Kathedrale begonnen, in deren

Santiago de Compostela (links), Ausschnitt einer Karte von 1648, ergänzt 1970 von D. Dervaux.

Krypta das Grab verborgen ist. In der Neuzeit wurde Santiago noch einmal dadurch aufgewertet, dass General Franco 1937 den Geburtstag des Jakobus, den 25. Juli, zum Nationalfeiertag erklärte.

Grundbegriffe

Askese

Durch die Aktion »7 Wochen ohne«, mit der die Kirchen die vor-
österliche Passionszeit als eine Phase der Besinnung und des freiwilligen Verzichts in das Bewusstsein der Bevölkerung rücken
wollten, ist auch das religiöse Ritual der Askese für das 20. Jahrhundert gewissermaßen neu entdeckt worden. Immer mehr Menschen stellen sich der Herausforderung, den Verlockungen der
Konsumgesellschaft zu widerstehen, indem sie für eine überschau-
bare Zeit auf das verzichten, was durch Alltagsgewohnheiten zur
Abhängigkeit führen kann: Alkohol, Nikotin, Fernsehen, Schoko-
lade oder sogar das Autofahren. Durch diese Form der Enthaltsamkeit soll die Aufmerksamkeit wieder auf das gelenkt werden, was
einem im Leben wirklich wichtig ist.

Insofern hat der freiwillige Verzicht tatsächlich eine religiöse
Dimension, auch wenn er sich von der Form der Askese, wie sie von
der Alten Kirche und dem Mittelalter bekannt ist, deutlich unterscheidet. Dort wurden als Asketen jene bezeichnet, die ihr Leben
der Forderung radikaler Enthaltsamkeit unterwarfen und dementsprechend als Einsiedler in der Einsamkeit lebten oder als Mönche
ins Kloster gingen. Immer wieder wurde die Askese deshalb auch
mit »Enthaltsamkeit« gleichgesetzt, aber das stimmt nur zum Teil.

Das aus dem Griechischen abgeleitete Wort »Askese« selbst hat
nur mittelbar etwas mit Verzicht oder gar mit Fasten zu tun, es
meint vielmehr die »Übung«. Geübt werden sollen die Selbstbestimmung, die Willensstärke und die Unabhängigkeit von äußeren
Dingen und Bewertungen, denn das alles gilt als Grundlage für

eine starke Ausrichtung auf den Glauben. Insofern kann eine siebenwöchige Einstimmung auf das Osterfest, die beispielsweise durch den Verzicht auf Fernsehgewohnheiten geprägt ist, tatsächlich als Askese bezeichnet werden.

Dass das Mittel der Askese in der Neuzeit zunächst in Verruf geriet, ist einem Wildwuchs im Mittelalter zu verdanken: Auf der einen Seite wurden die Forderungen immer radikaler, paarten sich mit einer Leibfeindlichkeit, die bis zur Selbstverstümmelung führten; auf der anderen Seite verkamen asketische Forderungen zu puren Pflichtübungen, die kaum mehr mit Inhalten gefüllt waren.

Der Rückzug in ein Kloster, der Verzicht auf Besitz und Reichtum ging nicht selten mit der Tendenz zur Weltflucht einher und wurde durch Privilegien des geistlichen Standes ersetzt. Die Herausforderung der Askese liegt deshalb in einem wohl dosierten Einsatz, damit die Einübung in die persönliche Frömmigkeit nicht auf Kosten einer Mitverantwortung für die Mitwelt geht. Versuche, die Askese in der Gegenwart wieder zu beleben, laufen deshalb immer parallel zur Verpflichtung zur Bewahrung der Schöpfung und dem Engagement für den Weltfrieden.

Im Jahre 1983 beschloss eine Gruppe von Theologen und Journalisten »nach einem Kneipenabend« spontan, während der Passionszeit zwischen Aschermittwoch und Ostern zu fasten. Das alte Ideal der Askese sollte damit in eine zeitgemäße Form übergeführt werden, denn durch den freiwilligen Verzicht können eingeschliffene Alltagsgewohnheiten überprüft und Abhängigkeiten ausfindig gemacht werden. Aus dieser Idee ist eine Aktion geworden, an der sich inzwischen alljährlich mehr als zwei Millionen Menschen beteiligen. Sie alle erleben die freiwillige Askese als Bereicherung für ihr Leben. So dient auch der Satz »7 Wochen ohne sind auch 7 Wochen mit!« als Slogan der Aktion.

Dialog

Dialoge erleben im Zuge der Globalisierung einer pluralistischen Weltgesellschaft eine Konjunktur, da sie als Mittel der gewaltfreien Konfliktvermittlung dienen und die Gräben zwischen den Religionen und Kulturen zu überwinden versuchen. Der Begriff leitet sich dabei aus der griechischen Sprache ab, bedeutet übersetzt so viel wie »durch das Wort« und setzt damit die Hoffnung auf die Kraft der Unterredung. Wie viele Menschen oder Positionen dabei an der Unterredung teilhaben, ist vollkommen zweitrangig. Dass es sich bei dem Dialog allerdings nicht nur um eine beliebige Unterhaltung handelt, sondern um eine Methode mit alter philosophischer Tradition, dürfte den meisten kaum bewusst sein.

Als Ahnherr wird allgemein Sokrates genannt, obwohl die Sophisten schon vor ihm das Prinzip des logischen Dialogisierens benutzt hatten. Dennoch hat sich die Methode erst als »sokratischer Dialog« etabliert, vor allem weil Platon sie zum konsequenten Stilmittel seiner Schriften erhoben hatte. An seinen Dialogen wird deutlich, inwiefern wir es hier tatsächlich mit dem Beispiel einer praktischen Philosophie zu tun haben: Im Unterschied etwa zu Traktaten steht im Dialog von vornherein weder die eigene Meinung noch die Belehrung im Vordergrund, sondern die Haltung des Gesprächspartners und der Versuch, dessen Urteile durch konsequentes Hinterfragen auf einen richtigen Weg zu bringen. Bei Sokrates liegt der Entscheidung für den philosophischen Dialog die Überzeugung zugrunde, dass das Wissen in den Menschen eigentlich schon seit ihrer Geburt vorhanden ist und durch pädagogische Hilfestellung gewis-

»Wo aber das Gespräch sich in seinem Wesen erfüllt, zwischen Partnern, die sich einander in Wahrheit zugewandt haben, sich rückhaltlos äußern und vom Scheinenwollen frei sind, vollzieht sich eine denkwürdige, nirgendwo sonst sich einstellende gemeinschaftliche Fruchtbarkeit.«
Martin Buber

sermaßen nur wieder »erinnert« werden muss (»Anamnesis-Lehre«). Dialoge in diesem Sinne sind deshalb immer Ausweise praktischer Philosophie, die verdeutlichen, dass Wahrheit und Erkenntnis nicht durch stures Auswendiglernen von Fakten zu erreichen ist, sondern allein durch selbstständige Denkprozesse. Inwieweit hier das Suchen nach Lösungen mitunter wichtiger sein kann als das Ergebnis, zeigen die frühen Dialoge Platons, in denen die anfangs gestellte Frage zwar nicht gelöst, aber dennoch ein gedanklicher Fortschritt erreicht wird.

Die Methode, durch den Dialog Erkenntnisse zu gewinnen, wurde in der klassischen Philosophie als »Dialektik« bezeichnet. Schon Sokrates hatte dabei zwei Stufen unterschieden, indem er zunächst Irritation hervorrief und zum Widerspruch verführte, dann erst Hilfestellung bei der exakten Begriffsbestimmung leistete. Dieses Prinzip, in Widersprüchen zu denken, zunächst gegensätzliche Überzeugungen (Thesen und Antithesen) vorzustellen, um daraus neue Schlussfolgerungen (Synthesen) zu ziehen, lieferte schließlich die Grundlage zur Entwicklung der philosophischen Logik.

Erkennen

Es gehört zu den ältesten Aufgaben der Philosophie, nicht nur danach zu fragen, ob die Art und Weise, wie wir die Welt erkennen, richtig ist, sondern auch das Wesen der Erkenntnis selbst zu überprüfen. Dabei steht die Frage im Vordergrund, ob die Dinge und Vorgänge, wie wir sie durch unsere Sinnesorgane aufnehmen, auch dem entsprechen, wie sie in Wahrheit sind, bzw. ob es eine solche von unserer subjektiven Wahrnehmung unabhängige wahre Welt überhaupt gibt.

Von Anfang an stehen sich dabei zwei Perspektiven gegenüber, die in ihrem Verhältnis zueinander unterschiedlich bewertet wer-

»Die Summe unserer Erkenntnisse besteht aus dem, was wir gelernt, und aus dem, was wir vergessen haben.«
Marie von Ebner-Eschenbach

den: zum einen die Erkenntnis durch die sinnliche Wahrnehmung, bei der alles das, was wir sehen, hören, anfassen, riechen und schmecken können, als wirklich gegeben aufgefasst und somit als Voraussetzung für jedes Erkennen ausgegeben wird. Hier sind es die naturwissenschaftlichen Beobachtungen, die zur Grundlage und zum Prinzip der Erkenntnis erhoben werden. Zum anderen gibt es die Erkenntnis durch die Vernunft, die das abstrakte Nachdenken betont und der »Erfahrungswissenschaft« das System logischer Konstruktion gegenüberstellt. Am konsequentesten wird dieser Ansatz durch die Mathematik und durch die Logik vertreten, die sich nicht auf sinnliche Wahrnehmungen berufen können, aber gerade deshalb zu exakten Ergebnissen kommen.

Tatsächlich stoßen beide Ansätze an Grenzen, wenn sie für sich allein bestehen sollen: Auf der einen Seite sind alle Gedankengänge sinnlos, wenn sie sich nicht auf etwas Vorhandenes beziehen, auch dann, wenn sie in sich logisch sind. Auf der anderen Seite mangelt es der Beobachtung, wenn sie eben nur erkennt, was den Sinnen zugänglich ist; darüber hinaus müssen auch die beobachteten Formen durch die Vernunft gedeutet werden, damit daraus Schlüsse gezogen werden können. Eine Blume etwa ist zwar durch Farbe, Form und Geruch zu beschreiben, allerdings setzt dieses Beschreiben des Gegenstandes »Blume« voraus, dass in der Vernunft ein Begriff davon vorhanden ist, was beispielsweise eine Blume von einem Baum unterscheidet.

Je nachdem, ob die konkrete sinnliche Beobachtung oder die abstrakten Gedankengänge der Vernunft zum Ausgangspunkt der Erkenntnis gesetzt werden, hat man in der Philosophie von Empirismus oder von Rationalismus gesprochen. Erst Immanuel Kant hat dann hervorgehoben, dass auch die scheinbar objektive Beobachtung immer durch die subjektiven Formen der Anschauung geprägt ist, da sie in Raum und Zeit geschieht. Jede Erkenntnis ist deshalb relativ, und zwar weil sie einerseits auf die Rahmensituation der Erfahrung begrenzt, andererseits dem Verstand des Erkennenden verhaftet ist. Insofern ist Erkenntnis immer ein Stückwerk, ein Versuch, bei dem man sich dem zu Erkennenden nähert, ohne es je hinlänglich erfassen zu können.

Erlösung

Menschen sehnen sich nach Erlösung von Leid und Elend, von Aussichtslosigkeit, Sinnleere und dem Bösen. Diese Hoffnung kann sich auf die eigene Person beziehen, aber genauso gut auch auf eine Volksgruppe, auf die Menschheit oder sogar auf die ganze Natur. Der Gedanke an Erlösung ist eng mit Religion verbunden, so dass man nicht selten die Hoffnungsträger als »Erlöser« bezeichnet. Und trotzdem werden die Fragen, wer auf welche Weise wohin erlöst wird, in den Religionen so unterschiedlich beantwortet, dass der Begriff »Erlösung« nur eine unscharfe Maske dessen abgibt, was inhaltlich damit gemeint ist.

Im Judentum etwa steht im Vordergrund das erwählte Volk Gottes, das Erlösung durch konsequentes Einhalten der Thora erwartet und sich das Ziel als eine neue Welt ohne Schmerz, Leid und Tod vorstellt. Gott selbst ist es, der in die Geschichte eingreift, um seinem Volk zu Hilfe zu kommen. Im Christentum ist es der einzelne Mensch, und zwar der fromme und gottesfürchtige, der aus Gnade im Glauben Erlösung erfährt und seine Hoffnung in die Vorstellung von einem Paradies kleidet. Den Glauben an ein Paradies teilt das Christentum zwar mit dem Islam, dort wird Erlösung allerdings durch gesetzliches Handeln und das Erbarmen Allahs erzielt.

Eine vollkommen andere Deutung der Erlösung bieten die asiatischen Religionen: Im Hinduismus und Buddhismus gilt die Befreiung vom Leid allein der Lösung aus der irdischen Existenz. Da alles Leben unabwendbar der Vergänglichkeit unterliegt und deshalb Leid verursacht, kann Erlösung nur in Form einer Befreiung vom irdischen Dasein erzielt werden, die aus eigener Kraft resultieren muss. Diesen Ausbruch aus der ewigen Wiederkehr des leidvollen Daseins (*Samsara*) erreichen indes nur wenige Menschen, indem sie durch spezielle Techniken, wie Meditation und Askese, in eine Art unkörperliche Einheit mit dem Universum (*Nirvana*) zurückkehren.

So eng der Erlösungsgedanke auch mit dem Glauben verbunden ist, ja gar als ein Wesenszug des Religiösen betrachtet werden kann, ist er doch nicht prinzipiell auf die Vorstellung von einer transzendenten Macht begrenzt. Auch Ideologien – etwa der Marxismus – können Erlösung versprechen und dabei als Ersatz für religiöse Bedürfnisse auftreten. Und selbst die Philosophen haben sich immer wieder mit der Frage nach einer existenziellen Befreiung des Menschen beschäftigt und sich dabei vorgenommen, die Erlösung mit den Mitteln der Vernunft zu ergründen.

Platon preist beispielsweise die Absonderung der Seele vom Leib als Erlösung und prägt damit erheblich das später im Christentum übernommene Bild von der unsterblichen Seele. Arthur Schopenhauer definiert unter dem Einfluss des Buddhismus die Erlösung des Menschen als Lösung von der Welt, und zwar als gänzliches »Aufgeben des Willens zum Leben«. In der Tradition

Ein fehlgeleitetes Verständnis von Erlösung herrscht dort, wo sie nicht als Gnadenakt Gottes, sondern als Befreiung vom Leiden durch menschliche Hand verstanden wird. Die aktuelle Debatte um die Sterbehilfe zeigt die Probleme, die sich ergeben, wenn beispielsweise die Hilfe zur Selbsttötung als »Erlösung« interpretiert wird. Überdies verdeutlichen zahlreiche Fälle der Tötung von alten, in Pflegesituationen befindlichen Menschen die Schattenseite einer in die Kriminalität führenden Wahnvorstellung von erlösendem Handeln, das sich als Macht des Menschen über die Menschen entlarvt.

›Die Erlösung‹, Gemälde von Fra Angelico, um 1437–1446.

des Christentums, aber doch konsequent philosophisch, fragt Ludwig Feuerbach danach, wer als Erlöser gelten kann: Gott oder die Liebe?, und kommt dabei zu dem Ergebnis: »Die Liebe; denn Gott als Gott hat uns nicht erlöst, sondern die Liebe, welche über den Unterschied von göttlicher und menschlicher Person erhaben ist.«

Für ihn, wie überhaupt für die Philosophie nach der Aufklärung, liegt die Herausforderung darin, den christlichen Erlösungsgedanken durchaus ernst zu nehmen, zugleich aber das Streben nach Befreiung von dem Dogma der Erbsünde zu lösen. In neuerer Zeit wird die Erlösung in diesem Sinn als Überwindung von Entfremdung betrachtet, als Rückführung des Menschen in den Naturzusammenhang, aus dem er herausgerissen ist.

Meditation

Bei dem Klang des Wortes »meditieren« stellen sich unwillkürlich Vorstellungen von Räucherstäbchen, Klangschalen und fernöstlicher Musik ein. Die Meditation gilt als typischer Ausdruck asiatischer Frömmigkeit und scheint untrennbar mit den Zeremonien buddhistischer Mönche verbunden zu sein. Wahrscheinlich hat diese Assoziation auch dazu beigetragen, dass die Meditation in Europa in Mode gekommen ist (eigentlich müsste man sagen: *wieder* in Mode gekommen, denn ganz so neu, wie es den Anschein hat, ist das Meditieren auch für die Christen nicht).

Meditieren heißt eigentlich »nachsinnen« und beschreibt eine Form der geistigen Übung, bei der ein Mensch sich so intensiv in sich selbst versenkt, dass die Außenwelt keinen Einfluss mehr auf ihn ausübt. Dabei ist vor allem die Art der regulierten Atmung entscheidend, aber auch die Sitzweise und die Entspannung der Muskulatur; denn das Ziel der Meditation ist es, die äußeren Sinneswahrnehmungen, aber auch die körperlichen Empfindungen so weit einzuschränken, dass das Bewusstsein zu einer höheren Ebene vorstoßen kann.

In der christlichen Tradition wurden derartige geistige Übungen schon seit der Zeit der Wüstenväter im 4. Jahrhundert praktiziert. Sie hatten sich in die Einsamkeit der Wüste zurückgezogen, um fern jeder Zivilisation ein asketisches Leben der inneren und äußeren Ruhe zu führen. Dabei konnten sie sich sehr gut auf Jesus selbst

In dem »Herzensgebet«, einer auf die Wüstenväter zurückgehenden christlichen Meditationspraxis, wird die Textzeile »Jesus Christus, Sohn Gottes [Einatmen], erbarme dich meiner« [Ausatmen] mit einem regulierten Atem in Einklang gebracht. Das Ziel ist die Vermittlung von physischer und metaphysischer Konzentration. Als Anleitung dienen dabei die folgenden Schritte:
• Setze dich still und einsam hin
• Neige den Kopf und schließe die Augen
• Atme recht leicht und blicke in dein Herz
• Führe den Geist vom Kopf in das Herz
• Sprich leise, die Lippen bewegend
• Vertreibe alle fremden Gedanken
• Habe Geduld und verharre im Gebet

berufen, der sich den Berichten in den Evangelien zufolge immer wieder an einsame Orte zurückzog, um dort zur Ruhe und Besinnung zu gelangen. Aus diesen Erfahrungen der Asketen aus der Wüste entwickelten sich später verschiedene Formen der christlichen Meditation, die zum Teil sehr populär wurden.

Ein Beispiel dafür ist das so genannte »Herzensgebet«, bei dem ein bestimmter Atemrhythmus dafür genutzt wird, das Gebet zu einer inneren Herzensangelegenheit zu machen. Einen anderen Weg ging Ignatius von Loyola, der im 16. Jahrhundert, von der Meditation ausgehend, ein komplexes Modell geistiger Einübung in den Glauben entwickelte. Diese »Ignatianischen Exerzitien« dauern in der Regel vier Wochen und sind in drei Phasen, die des Reinigungs-, des Erleuchtungs- und des Einigungsweges, untergliedert.

Der grundsätzliche Unterschied zwischen den westlichen und den asiatischen Formen der Meditation (beispielsweise *Zen* und *Yoga*) liegt darin, dass in der christlichen Tradition vorrangig der Graben zwischen dem Menschen und dem transzendenten Gott überwunden wird, während in der buddhistischen Tradition das Streben nach Erlösung durch Abwerfen aller leiblichen Abhängigkeiten im Vordergrund steht. Durch diese unterschiedlichen Ziele heben sich auch die Formen des Meditierens mitunter voneinander ab: Während die asiatische Meditation streng auf die Unterbindung aller äußeren sinnlichen Einflüsse achtet, können im europäischen Bereich auch Bilder, Töne, Geschichten, ja sogar die Bewegung bzw. der Tanz für den Zweck der Meditation genutzt werden.

Wie populär das Meditieren zeitweilig wurde, zeigt bereits die Tatsache, dass im 19. Jahrhundert sogar Musikstücke als »Meditation« bezeichnet wurden. Allerdings ging mit dieser Entwicklung auch eine Veränderung des Begriffs einher, die bis in die Gegenwart anhält. Nicht alles, was als Meditation bezeichnet wird, kann dann auch dem geistlichen Anspruch gerecht werden.

Mensch

Das größte Geheimnis in der Welt ist nach wie vor der Mensch selbst. Es ist so gut wie unmöglich, eine klare Definition dieser Spezies zu geben, die alle Aspekte umfasst. Auch Objektivität ist kaum zu erwarten, da jeder, der über das Menschsein nachdenkt, selbst eben ein solcher ist, deshalb über sich selbst spricht und eigene Vorstellungen, Hoffnungen und Ideale quasi automatisch mit in die Überlegungen hineinträgt.

Dennoch kommen die Menschen nicht davon los, sich immer wieder Gedanken darüber zu machen, was den Menschen zum Menschen macht: Schnell zeigt sich ein schwer zu überwindender Widerspruch, denn sowohl die Bedrohungen als auch die Chancen der Welt gehen in erster Linie vom Menschen aus. Er ist es, der das Potenzial für eine Zerstörung der zivilisierten Welt bereithält, der durch konstante Umweltzerstörung sich die eigenen Grundlagen zum Leben raubt, der die größten Grausamkeiten verübt und dem Mitmenschen zum größten Feind werden kann. Zugleich aber ist es

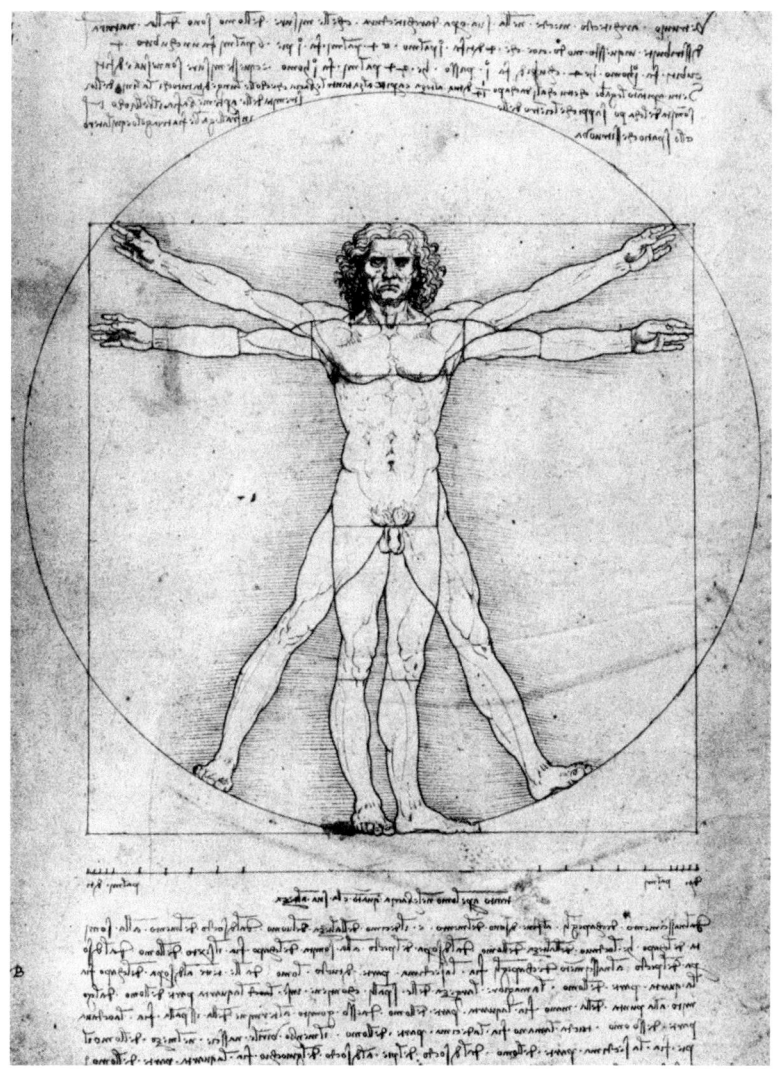

Prägendes physisches Menschenbild: Proportionsstudie von Leonardo da Vinci, um 1505.

auch der Mensch, der sich in Fürsorge und Nächstenliebe um die geschundene Kreatur kümmert, der durch Erfindergeist ständig darum bemüht ist, die Lebensbedingungen zu verbessern und sich nach einer Existenz in Liebe, Geborgenheit und Sinnerfüllung sehnt.

Vor diesem Hintergrund haben Philosophen und Religionsvertreter seit jeher versucht, das Wesen des Menschen zu ergründen. Meistens geschah das durch Abgrenzung, etwa inwiefern sich der Mensch vom Tier, von Gott oder von der Maschine unterscheidet. Erklärungsversuche, die das spezifisch Menschliche mit dem aufrechten Gang beschreiben, mit der Sprachfähigkeit, der Kraft der Vernunft oder dem Selbstbewusstsein, proklamieren einen grundsätzlichen Unterschied zu den Tieren. In der christlichen Religion wurde dieser Aspekt in Mythen gekleidet, denen zufolge der Mensch »Krönung der Schöpfung« ist und den Auftrag erhält, sich die Erde »untertan zu machen«, was so viel bedeutet wie sich verantwortlich um Natur und Kreatur zu kümmern. Dadurch erhält der Mensch gewissermaßen eine Mittelposition zwischen der Natur und dem Schöpfergott, die in der Metapher von der Ebenbildlichkeit Gottes ihren Ausdruck findet.

An diesem Punkt setzt die zweite definitorische Abgrenzung an, die den Menschen von Gott unterscheidet. Dazu dient einerseits das Bewusstsein der eigenen Vergänglichkeit, andererseits die Beschreibung der menschlichen Existenz als einer Verstrickung in Sünde und Schuld, durch die der Mensch zwar eine moralische Verpflichtung erhält, gleichzeitig jedoch der Gnade bedarf, um eigene Unzulänglichkeiten akzeptieren zu können. Geradezu zwangsläufig schaffen diese Abgrenzungsversuche eine Distanz zur Natur, die nicht nur mit Überheblichkeit einhergehen kann, sondern auch die Gefahr beinhaltet,

> »Wir fühlen, dass selbst, wenn alle möglichen wissenschaftlichen Fragen beantwortet sind, unsere Lebensprobleme noch gar nicht berührt sind. Freilich bleibt dann eben keine Frage mehr; und eben dies ist die Antwort.«
> *Ludwig Wittgenstein, ›Tractatus‹*

den Menschen von seiner Umwelt zu entfremden. So ist es kaum verwunderlich, dass im Zuge der Technologisierung der Welt wiederum eine neue Abgrenzung in Kraft tritt, durch die der Mensch seinen Sonderstatus neben der Maschine oder, etwas aktueller, neben dem Computer unter Beweis zu stellen hat. Hier sind es die Kreativität und die Fähigkeit, Gefühle zu entwickeln, die als ausschließlich menschlich hervorgehoben werden.

Nicht zuletzt mag das Argument angeführt werden, dass der Mensch als einzige Kreatur in der Lage ist, Philosophie und Religion herauszubilden. Damit wird die Fähigkeit zur Entwicklung von Moral und Ethik zu einem zentralen Gesichtspunkt des Menschlichen. Nur der Mensch ist wohl in der Lage, Nützliches vom Zweckmäßigen, Gutes vom Bösen, Schönes vom Hässlichen und das Eigene vom Fremden zu unterscheiden.

Mystik

In der Umgangssprache wird häufig etwas »mystisch« genannt, wenn damit eine geheimnisvolle Stimmung oder ein rätselhaftes Geschehen beschrieben werden soll. In der Fachsprache der Religionswissenschaften wird mit Mystik allerdings eine Form des gelebten Glaubens bezeichnet, bei der die religiöse Erfahrung des Menschen ganz in den Vordergrund gerückt wird.

Religiöse Erfahrung wird dann verlangt, wenn Menschen sich nicht mehr damit begnügen, ihren Glauben als eine Angelegenheit der Tradition und des sozialen Miteinanders zu betrachten, sondern diesen auch persönlich erfahren, ja sogar sinnlich spüren wollen. In diesem Zusammenhang verwundert es kaum, wenn die Mystik in der Gegenwart wieder sehr gefragt ist, mitunter sogar Anzeichen einer Modewelle trägt. In den mystischen Erlebnissen, die in Versenkungen gründen können, die aber auch Elemente der

Chöre der Engel, aus »Scivias«, Rupertsberger Kodex, 12. Jh.

Dichtung, der Musik, des Tanzes genauso aufgreifen wie beispielsweise die Betrachtung der Natur, wird das Erlebnis des Alltäglichen
in einer Tiefe empfunden, die den Betrachtenden näher zu Gott
bringt. Der Mystiker muss dabei nicht argumentieren. Er kann auf
seine persönlichen Erfahrungen verweisen und deshalb auf eine
logische Begründung seines Glaubens verzichten. Auf diese Weise

mischt sich in der Mystik auf eigentümliche Weise eine Distanz zur Kirche, die als eine bloß äußere Institution betrachtet wird, mit einer Sehnsucht nach religiöser Unmittelbarkeit. Getragen wird dieses Verhalten durch die Suche nach einer Lebenstiefe, die

> »Im Zentrum unseres Wesens ruhend, begegnen wir einer Welt, in der alles auf gleiche Art in sich ruht. Dadurch wird der Baum zu einem Mysterium, die Wolke zu einer Offenbarung und der Mensch zu einem Kosmos, dessen Reichtum wir nur in Bruchstücken erfassen.«
> *Dag Hammarskjöld*

häufig als persönliche Nähe zu Gott empfunden wird. Im Mittelpunkt steht dabei die Seele des Menschen, die sich im mystischen Erlebnis mit der Sphäre des Göttlichen vereint (»unio mystica«).

In der Geschichte des Christentums sind Mystiker bereits seit dem 2. Jahrhundert bekannt. Zu einer Hochblüte kam es jedoch erst im Mittelalter mit Hildegard von Bingen, Franz von Assisi und Mechthild von Magdeburg. Im 16. Jahrhundert traten Ignatius von Loyola, Theresa von Avila und Jakob Böhme hervor, in der Neuzeit sind es vor allem Charles de Foucauld, Pierre Teilhard de Chardin und Dag Hammarskjöld. Nicht selten wurde bei ihnen der Einbruch des Heiligen in das eigene Leben als beängstigend oder sogar bedrohend empfunden.

Die Mystik ist nicht an Konfessionen gebunden, sie findet sich bei Katholiken ebenso wie bei Protestanten, doch auch im Judentum und im Islam gibt es mystische Strömungen, und im Buddhismus wie im Hinduismus kann das mystische Erlebnis sogar als grundlegend für die Frömmigkeit betrachtet werden. Insofern ist es durchaus berechtigt, die Mystik als ein Phänomen zu beschreiben, das die Religionen über ihre Grenzen hinaus verbindet.

Sein

Von Gottfried Wilhelm Leibniz, einem Universalgelehrten, der in der Philosophie genauso bewandert war wie in Mathematik, Physik und Geschichte und darüber hinaus sogar als außenpolitischer Berater in der Politik wirkte, stammt die Frage: »Warum gibt es überhaupt etwas und nicht vielmehr nichts?« Für Leibniz ergab sich diese Fragestellung als logische Konsequenz aus der Überlegung, dass nichts ohne hinreichenden Grund geschieht, dass folglich auch alles Seiende einen Grund haben müsse. Skeptisch war er jedoch hinsichtlich der Frage, ob sich diese Ursache allein aus der Erfahrung erschließen lasse, denn mit den Sinnen können stets nur die vorhandenen Dinge betrachtet werden, nicht jedoch das, was über Zeit und Raum hinaus als deren Ursache zu bestimmen ist.

So musste sich die Suche nach einem Grund für das Seiende vornehmlich auf den Verstand verlassen und war dabei auf Spekulationen angewiesen, die allerdings den Prinzipien der Logik unterworfen sein sollten. Die radikale Fragestellung, mit der Leibniz nach einer letzten Ursache, einem Grund der Welt und somit auch nach einem Sinn suchte, galt schon seit der Antike als der Kern allen Philosophierens. Als »Metaphysik« wird dieser Bereich der Philosophie bezeichnet, in dem nicht nur das Seiende, sondern das Sein selbst zum Betrachtungsgegenstand wird.

Allerdings leitet sich der Begriff der Metaphysik (»hinter dem Physischen«) nicht von der Tatsache ab, dass es dabei um Zusammenhänge geht, die eben nicht mehr nur in der Natur konkret zu erkennen oder gar sinnlich zu erfahren sind, was auch einen Sinn ergeben würde.

Der Begriff geht vielmehr auf ein gleichnamiges Buch des Aristoteles zurück, das in der Reihenfolge seiner Schriften einer Arbeit über die Natur nachgeordnet ist. In diesem Werk, das den Naturbetrachtungen folgt, entwickelt Aristoteles das Seiende als ein Zusammenspiel von Materie und Energie bzw. von Stoff und Form und erklärt die Ursache in dem Wirken eines »unbewegten Bewegers«. Auf diese erste theoretische Philosophie Aristoteles' bezieht sich alle Metaphysik.

> »Der Mensch mag sich noch so weit mit seiner Erkenntnis ausstrecken, sich selber noch so objektiv vorkommen: Zuletzt trägt er doch nichts davon als seine eigene Biographie.«
> *Friedrich Nietzsche*

Noch immer mag sie als besonders typisch für die Philosophie erscheinen, gerade weil sie so abstrakt ist und mit rein gedanklichen Konstruktionen arbeitet. Allerdings hat die ehemalige Hauptdisziplin der Philosophie, sowohl was den Gegenstand ihres Interesses als auch ihre Methodik angeht, mittlerweile erheblich an Ansehen eingebüßt. Maßgeblich verantwortlich für diesen Bedeutungsverlust sind die Versuche im Mittelalter, die Metaphysik im Dienste der Religion dafür zu nutzen, Gott als höchste Existenz zu beweisen.

In der Zeit der Aufklärung gerieten die metaphysischen Spekulationen immer mehr unter den Verdacht des Unwissenschaftlichen, und schließlich war es Immanuel Kant, der ihr sozusagen den Todesstoß versetzte. Er war sich sicher darin, dass die Frage nach der Ursache des Seins die Möglichkeiten der menschlichen Vernunft prinzipiell überfordert. So führt er den Nachweis, dass spekulative Gedanken keinerlei Aussagen über die Wirklichkeit machen können und ihre Ergebnisse deshalb nur Scheinbeweise darstellen.

Auch wenn in der Folgezeit das Nachdenken über das Seiende und die Ursachen des Seins nicht vollkommen von der Tagesordnung verschwanden, wurde der Begriff der Metaphysik doch nur noch zaghaft benutzt. Zu deutlich war geworden, dass alle Aussagen über das Absolute – und dazu sind in erster Linie alle Aussagen über das Sein an sich zu rechnen – schon daran kranken, dass die Erkenntnismöglichkeiten des Menschen selbst sehr relativ sind, da sie den zeitbedingten Gegebenheiten unterliegen.

Im 20. Jahrhundert hat Martin Heidegger jedoch die »Seinsvergessenheit« beklagt und die Frage nach dem »Sinn von Sein« neu gestellt. Mit seiner Arbeit über die Zusammenhänge zwischen Sein und Zeit hat er nicht nur die ersten Fragen der Philosophie wieder ins Bewusstsein gehoben, sondern auch die altehrwürdige Dame Metaphysik unter neuen Rahmenbedingungen rehabilitiert.

Wallfahrt

Man sieht sie wieder, die Pilger, die zu Wallfahrten aufbrechen und nach dem bekannten Motto »Der Weg ist das Ziel« alte religiöse Ideale wie Umkehr und Aufbruch wörtlich nehmen, indem sie sich auf den Weg machen. Dabei galt die Wallfahrt schon lange als ein vollkommen veraltetes Relikt aus dem Mittelalter.

Nicht zuletzt Martin Luther war es, der die zu seiner Zeit mit Pilgerfahrten unabdingbar verbundene Reliquienfrömmigkeit heftig kritisierte und auf die alleinige Autorität der Bibel pochte. Wer sich da auf den Weg machte, um die Überbleibsel heiliger Gegenstände in Jerusalem, Rom oder Santiago de Compostela mit eigenen Augen zu sehen oder mit den Händen zu berühren – womöglich noch, um Erlösung oder Vergebung zu erlangen –, machte sich schon des Aberglaubens verdächtig. In der Reihe der Kritiker war Luther indes nicht der Erste: Vor ihm hatten schon die Kirchenväter immer wieder auf die Unmöglichkeit hingewiesen, mit dem

»Alle Reisen haben eine heimliche Bestimmung, die der Reisende nicht ahnt.«
Martin Buber

»Der Sinn des Reisens ist, an ein Ziel zu kommen, der Sinn des Wanderns, unterwegs zu sein.«
Theodor Heuss

äußeren Auge das wahrnehmen zu wollen, was doch nur mit dem inneren Sinn zu erfassen sei, und Erasmus von Rotterdam hatte für Pilger nur Spott übrig. Und dennoch ist die Wallfahrt so alt wie die Religionen.

Immer wieder haben sich fromme Menschen auf den Weg gemacht, um das, was sie durch historische Berichte aus den biblischen Schriften kennen, mit den eigenen Sinnen zu erfahren und dadurch existenziell nutzbar zu machen. Rein theologisch betrachtet, können sich alle Pilger im Christentum auf die Jünger Jesu selbst berufen. Sie waren nach dem Osterereignis aufgebrochen und hatten sich auf den Weg zu dem Ort Emmaus gemacht. Erst unterwegs begegneten sie dem Auferstandenen, und der Weg mag dabei so etwas wie eine Chiffre darstellen für die Bereitschaft, die gewohnten Lebensumstände zu verlassen, um das Neue des Glaubens zu entdecken. Die Tatsache, dass auch Jesus zu den Pilgern gehörte, da er zum jüdischen Passahfest zum Tempel nach Jerusalem wallfahrte, mag als Argument gegen grundsätzliche Vorbehalte taugen. In der Gegenwart hat sich das Selbstverständnis der Wallfahrt verändert, auch wenn das grundlegende Motiv, den abstrakten Glauben sinnlich erfahrbar zu machen, noch immer das gleiche ist.

Drei Arten von Pilgerschaft können so unterschieden werden: Zum einen der Pilgerweg als Ausdruck gelebter Frömmigkeit; hier sind es vornehmlich Reisen im Kreise der Gemeinde, die durch Gebete, Gottesdienste und liturgische Prozessionen an heiligen Stätten zelebriert werden. Daneben zeichnet sich ein großer Teil des Bildungstourismus zu heiligen Stätten ebenfalls als eine etwas versteckte Form der Wallfahrt ab, die sich zwar weniger durch Übungen der Frömmigkeit auszeichnet, aber dennoch darauf aus ist, die Glaubensgrundlagen intellektuell zu untermauern. Zum Dritten hat sich in den letzten zwanzig Jahren eine Form der konfessionell nicht gebundenen Pilgerschaft herausgebildet, die das Wandern als existenzielles Erlebnis deutet und nach spiritueller Erfahrung sucht. Hier ist es nicht so wichtig, ob als Ziel das Heilige Grab in Jerusalem angesteuert wird oder die Pyramiden in Ägypten, ob es das

Marienwunder in Lourdes ist oder gar die Einsamkeit des Himalaya – religiöse Erfahrung als sinnliches Erlebnis jenseits aller intellektuellen Grübeleien wird in dieser Form der Pilgerschaft angestrebt.

Eigentümlicherweise hat sich die Verbindung der Wallfahrt mit dem Reliquienkult in allen diesen Formen der Pilgerschaft erhalten, obwohl der Glaube an die Wirksamkeit heiliger Gegenstände durch die Aufklärung erheblich erschüttert worden ist. Zwar geht es dabei nicht mehr um den Splitter vom Kreuz Christi oder den Knochen eines Heiligen, aber Steine aus dem Garten Gethsemane, Sand aus der Wüste Ägyptens, Gebetsfahnen aus Lhasa und Kerzen aus Bethlehem werden noch immer wie Reliquien gehandelt und als »Trophäen« von der Wallfahrt mitgebracht.

Einen nicht unerheblichen Antrieb haben die Ökumene wie auch der interreligiöse Dialog bewirkt – nicht nur, weil Wallfahrten so etwas wie eine interreligiöse Konstante darstellen, im Judentum und Islam genauso bekannt sind wie etwa im Konfuzianismus und Buddhismus, sondern vor allem, weil damit auch das Reservoir an möglichen Wallfahrtszielen erheblich erweitert worden ist.

Werte

Wahrscheinlich gehört es zu den Phänomenen, die mit steter Regelmäßigkeit wiederkehren, dass über einen schleichenden Werteverlust vor allem bei der Jugend geklagt wird. Bekanntlich hatte sich schon Herodot im 5. Jahrhundert v. Chr. sehr kritisch über den Verfall der Sitten bei den jungen Athenern geäußert und das für ein typisches Zeichen der Dekadenz seiner Zeit angesehen. Dennoch ist die Debatte über den Werteverlust, die seit einiger Zeit in der westlichen Gesellschaft geführt wird, von anderer Art. Denn dabei geht es eben nicht nur um den üblichen Generationenkonflikt, son-

Die Zehn Gebote
(in einer aktuellen Übersetzung)

- Ich bin der Herr, dein Gott, du sollst keine anderen Götter haben neben mir
- Du sollst dir kein Bildnis machen
- Du sollst den Namen des Herrn, deines Gottes nicht umsonst aussprechen
- Gedenke des Feiertages, dass du ihn heiligst
- Ehre deinen Vater und deine Mutter
- Du sollst nicht töten
- Du sollst nicht die Ehe brechen
- Du sollst nicht stehlen
- Du sollst nicht falsch gegen deinen Nächsten aussagen
- Du sollst nicht begehren

dern um eine grundsätzliche Irritation. Verantwortlich für diese Diskussion sind zwei Entwicklungen:

Zum einen haben die Kirchen ihre Monopolstellung in Sachen Moral endgültig verloren. Kaum jemand will in seinen Alltagsentscheidungen noch konsequent den Normen der Kirche folgen, die meisten verlangen stattdessen nach ethischen Entscheidungen, die durch die Vernunft reguliert werden. Die Einführung eines Ethik-Unterrichts an den Schulen, der weitgehend als Alternative, wenn nicht sogar als Ersatz für den Religionsunterricht angeboten wird, ist Ausdruck dieser Entwicklung.

Zum anderen ist die Globalisierung für die Wertediskussion verantwortlich. Unterschiedliche Wertesysteme, seien sie religiös, philosophisch oder ideologisch begründet, prallen unmittelbar aufeinander, so dass dem Einzelnen nicht nur eine gewisse Wahlmöglichkeit zur Verfügung steht, sondern zugleich die Notwendigkeit, sich mit diesen Alternativen auseinander zu setzen. In dieser Wertediskussion werden verschiedene Begriffe meistens austauschbar benutzt, obwohl sie doch Unterschiedliches bezeichnen: Da wird etwa von Moral (vorherrschende Wertvorstellungen) oder Ethik (Systematische Reflexion der Normgebung) gesprochen, gleichzeitig aber ist nur die Rückbesinnung auf alte Tugenden (Verhaltenskataloge) wie Disziplin, Gehorsam, Höflichkeit und Zuverlässigkeit gemeint. Offenkundig ist, dass die brisanten ethischen Herausforderungen der Zeit (Genmanipulation, Embryonenforschung, Sterbehilfe etc.) allein mit Tugendkatalogen nicht zu beantworten sind, sondern eine systematisch philosophische Herangehensweise bzw. eine religiöse Positionierung erfordern.

Eine solche grundsätzliche Überlegung, wie der Mensch gut bzw. verantwortungsbewusst handeln kann und dadurch zu einem glücklichen Leben gelangt, ist seit der Antike Gegenstand der Philosophie. Von Anfang an prallen dabei zwei Ansätze aufeinander, die sich mit einigen Abwandlungen bis in die Gegenwart gehalten haben. Während die Schulen um Sokrates und Platon von objektiv vorgegebenen Werten ausgingen, die im Menschen ein moralisches Bewusstsein hervorrufen, betrachteten die von ihnen heftig kritisierten Sophistenschulen alle Normen lediglich als Postulate des Menschen.

Während also die Skeptiker alle Werte prinzipiell nur an ihrer Zweckmäßigkeit messen wollten und damit einen ethischen »Relativismus« begründeten, ging es den Vertretern der metaphysischen Ethik darum, das sittliche Handeln als Reflex auf eine außerhalb des Menschen existierende Ordnung zurückzuführen. Diese kann dann als »göttliche Existenz« gedeutet werden, durch die Werte vorgegeben sind (Gebote), oder auch als »Idee des Guten«.

Einen entscheidenden Wandel hat Immanuel Kant in diese ethische Grundsatzfrage gebracht, indem er eine Ethik konstruierte, die insofern autonom ist, als sie einerseits frei von autoritären Größen sein, andererseits aber auch nicht der Zufälligkeit einer puren Zweckmäßigkeit unterliegen soll. Diesen Anspruch erzielt er dadurch, dass bei ihm alles sittliche Handeln der freien Verantwortung des Menschen unterliegt, das dabei allerdings auf ein ihm innewohnendes Sittengesetz zurückgreifen kann.

In der Gegenwart erfährt der ethische Skeptizismus durch die Biowissenschaften Aufschwung bzw. durch die Versuche, das moralische Verhalten als Ergebnis chemischer Prozesse zu deuten und somit dem Menschen prinzipiell die Möglichkeit eines freien Willens abzusprechen. Auf der anderen Seite hat gerade die Suche nach einer Universalethik begonnen, die nach gemeinsamen Werten fragt, unabhängig von allen kulturellen Unterschieden in der Weltgesellschaft.

Yin und Yang

Das Emblem für die im Yin und Yang ausgedrückte Harmonie des Gegensätzlichen ist auch in Europa ausgesprochen populär: ein Kreis, der sich in zwei verschlungene Hälften unterteilt und dabei die in den Farben schwarz und weiß dargestellten Gegensätzlichkeiten dadurch verbindet, dass die Farbe des jeweils anderen als eigener Kern erscheint. Im Sinne des Kontrastes von Tag und Nacht bzw. hell und dunkel kann das Zeichen gedeutet werden, als Gegensatz von Ruhe und Bewegung, von feucht und trocken, schwer

Das Kreiszeichen mit einer schwarzen (Yin) und einer weißen (Yang) Hälfte steht als Symbol für die Harmonie der Gegensätze. Dabei wird die Symmetrie nicht nur dadurch ausgedrückt, dass beide Seiten wie Fische ineinander verschlungen sind, sondern auch die jeweils andere Seite als Embryo in sich enthalten.

und leicht und schließlich als Gegenüberstellung von männlichem und weiblichem Prinzip. Gemeint ist in allen Fällen das Ideal der Harmonie, das sich im ergänzenden Ausgleich von Polaritäten ergibt.

In den asiatischen Kulturen – sowohl für die Philosophie als auch für die Religion – hat das im Yin-Yang-Schema dargestellte Harmonieprinzip eine grundlegende Bedeutung, vergleichbar etwa mit dem Prinzip der Vernunft in der europäischen Kultur. Im Grundzug geht es auf ein Orakelbuch zurück, das ›I Ging‹ (*Yijing*), das im 3. Jahrhundert v. Chr. schriftlich niedergelegt worden ist, im Inhalt aber wesentlich älter sein dürfte. ›I Ging‹ bedeutet übersetzt so viel wie »Buch der Wandlungen« und schildert im Sinne einer Kosmologie die Fragen, die auch die antiken Philosophen beschäftigten: nämlich wie die Welt entstanden ist und in welchem Verhältnis der Mensch zum Kosmos steht.

Als Ursprung und Quelle aller Dinge gilt die als Qi bezeichnete Kraft, die in sich vollkommen abstrakt ist und erst in der Spaltung von Yin und Yang die Möglichkeit erhält, Sichtbares erscheinen zu lassen. Nach einem streng dualistischen Prinzip werden dann Yin und Yang so weit untergliedert, dass daraus Zeit und Raum, die Elemente und alle anderen Erscheinungen erwachsen. Für den Menschen ist es dabei wichtig, im Einklang mit dieser Natur zu leben, die alles Schöpferische aus dem Ausgleich des Gegensätzlichen erklärt.

Sowohl die Lehren von Konfuzius und Lao Tse als auch die traditionelle chinesische Medizin, die Bewegungslehren wie *Taiji* und *Qigong*, die Kampfsportarten und selbst das in Europa als Lehre von der richtigen Möblierung der Wohnungen bekannt gewordene *Feng-shui* (»Wind und Wasser«) basieren auf dieser Idee eines mittleren Weges im harmonischen Ausgleich.

Nicht Konfrontation, Wettstreit oder individuelle Behauptung sind hier gefragt, sondern der Ausgleich, die harmonische Anmut und die Eingliederung in eine Ordnung, die den Menschen in Übereinstimmung mit dem Kosmos, der Natur und der Gesellschaft bringt. Als »ganzheitliches« Bewusstsein hat sich diese Suche nach Harmonie auch in der westlichen Gesellschaft etabliert und ist dort zu einer Modewelle geworden. Dabei wird allerdings häufig übersehen, inwieweit das Yin-Yang-Prinzip in einem gewissen Spannungsverhältnis zum Autonomiebedürfnis und dem Individualitätsdenken der westlichen Gesellschaft steht.

Anhang

Zentrale Feste und Feiertage der Religionen

Christentum

Weihnachten

Als Tag der Geburt Jesu, des Gottessohnes, wird Weihnachten schon seit dem 3. Jahrhundert am 25. Dezember gefeiert. Der Termin ist dabei symbolisch gewählt und sollte das heidnische Fest zu Ehren des Sonnengottes ersetzen. Von besonderer Bedeutung ist der Vorabend des Festes, der Heilige Abend, an dem die Geburt des Messias in der Krippe nacherzählt und somit in Erinnerung gerufen wird. In der westlichen Welt gilt Weihnachten inzwischen als das populärste aller religiösen Feste, es ist mit dem ausgiebigen Verteilen von Geschenken und zahlreichen Volksbräuchen verbunden. In der orthodoxen Christenheit wird Weihnachten aufgrund unterschiedlicher Kalendersysteme später gefeiert.

Karfreitag

Vom althochdeutschen Begriff »Kara« (Sorge, Klage) leitet sich die Bezeichnung des Karfreitags ab, der als Höhepunkt in eine Karwoche eingebettet ist. Dabei handelt es sich um das Ende einer siebenwöchigen Fastenzeit (Passionszeit), die an den Leidensweg Jesu erinnert. Am Karfreitag wird der Kreuzigung Jesu gedacht, er gilt deshalb als strenger Bußtag, an dem gefastet wird und alle Vergnügungen unterbleiben. Auch in den Kirchen wird auf Glockengeläut, Musik, Kerzenlicht und jeglichen Schmuck verzichtet. Nicht selten ist es dabei Brauch, sogar den Altar durch ein schwarzes Tuch zu verhüllen. Die Gottesdienste finden an diesem Tag in der Regel am Nachmittag um 15.00 Uhr zur Todesstunde Jesu statt.

Ostern

Auch wenn in der Beliebtheitsskala Weihnachten ganz vorne liegt, gilt doch Ostern als das höchste und historisch auch älteste Fest der Christen. Gefeiert wird an diesem mehrtägigen Ereignis die Auferstehung Jesu Christi am dritten Tag nach seinem Tod am Kreuz. Der jährliche Ostertermin wurde erst auf dem Konzil von Nicäa (325) festgelegt, denn vor diesem Beschluss wurde der Auferstehung an jedem Sonntag gedacht. Im Beschluss von Nicäa wurde der Sonntag nach der ersten Vollmondnacht im Frühling des jüdischen Kalenders als Ostertermin verbindlich. Insofern steht das nach dem Mondjahr wechselnde Auferstehungsdatum Jesu als Glaubensgröße auch im Kalender in einer Spannung zu seinem Geburtsjahr, das als historisches Datum nach dem Sonnenjahr gerechnet wird. Da in den orthodoxen Kirchen der Ostertermin nach dem julianischen Kalender und nicht nach dem gregorianischen wie im Westen berechnet wird, weichen die Festtage voneinander ab.

Christi Himmelfahrt

Vierzig Tage nach Ostern wird, einem Bericht im Lukas-Evangelium folgend, die Himmelfahrt Christi gefeiert. Als Fest ist Himmelfahrt erst seit dem 4. Jahrhundert überliefert und hat die Aufgabe, auf die Wiederkunft des entschwundenen Messias hinzuweisen. Von den älteren Ritualen hat sich heute noch der Brauch gehalten, an diesem Tag Flurprozessionen zu veranstalten und den Gottesdienst in der freien Natur zu feiern.

Pfingsten

Das Pfingstfest wird 50 Tage nach Ostern gefeiert, worauf auch das aus dem Griechischen stammende Wort hindeutet. In der Apostelgeschichte wird berichtet, dass zu diesem Zeitpunkt Menschen unterschiedlicher Herkunft und Sprache in Jerusalem wie durch ein vom Himmel ausgehendes Wunder ergriffen wurden. Sie verstanden sich auf einmal und fühlten sich vom Heiligen Geist ergriffen. Dieses Ereignis wird als Geburtstag der Kirche verstanden, das Pfingstfest erinnert daran.

Fronleichnam

Katholisches Fest, das seit dem 13. Jahrhundert gefeiert wird und den Leib Christi in der Eucharistie in den Mittelpunkt der Verehrung stellt. Grundlegend ist dabei der Gedanke, die in der Messe erhaltene Eucharistie »in die Welt« hinauszutragen. Meistens wird der Tag deshalb durch Flurprozessionen gestaltet, wobei in den farbenfrohen Umzügen Gestalten aus der Kirchengeschichte dargestellt werden, die zum Ruhm der Kirche beitragen.

Marienfeste

Von den zahlreichen Marienfeiertagen, die in der römisch-katholischen und den orthodoxen Kirchen gefeiert werden, sind vor allem Mariä Himmelfahrt und Mariä Empfängnis herausragend. Im ersten Fall handelt es sich um die Feier des Dogmas von der leiblichen Aufnahme der Gottesmutter in den Himmel. Durch diese Vorwegnahme der Auferstehung von den Toten wird der göttliche Status Marias unterstrichen. Im zweiten Fall steht das 1854 erlassene Dogma von der unbefleckten Empfängnis im Mittelpunkt. Ihm zufolge unterlag Maria nicht der Erbsünde, so dass sie als Gottesmutter frei von allem Bösen sein konnte.

Allerheiligen

Gedächtnistag aller Heiligen in der römisch-katholischen Kirche, der am 1. November gefeiert wird. In den orthodoxen Kirchen wird ein entsprechender »Herrentag aller Heiligen« auf den ersten Sonntag nach Pfingsten datiert.

Allerseelen

Seit 1311 ist im Kalender der römisch-katholischen Kirche der 2. November als Gedenktag aller verstorbenen Gläubigen verankert. Er folgt damit unmittelbar auf den Gedenktag der Heiligen und hat die Aufgabe, für die Seelen der Verstorbenen, die sich im Fegefeuer befinden, zu beten. In der Bevölkerung ist es üblich, an diesem Tag auf die Friedhöfe zu gehen und die Gräber mit Lichtern zu schmücken. In den evangelischen Kirchen entspricht dem der Ewigkeitssonntag. Er wird auch als Totensonntag bezeichnet, sein Datum ist mit dem letzten Sonntag im Kirchenjahr identisch.

Buß- und Bettag

In den evangelischen Kirchen wird seit 1852 auf Anregung der Eisenacher Konferenz ein einheitlicher Bußtag begangen, der auf den Mittwoch vor dem letzten Sonntag im Kirchenjahr fällt. Dieses Anliegen einer Vereinheitlichung deutet darauf hin, dass es vorher eine Vielzahl regional unterschiedlicher Bußtage mit entsprechend abweichenden Terminen gab. Nicht zuletzt sollte mit dieser Einigung auf ein zentrales Datum auch die Durchführung als staatlicher Feiertag erleichtert werden. Allerdings wurde dieser arbeitsfreie Feiertag 1995 abgeschafft, seitdem ist der Buß- und Bettag zwar ein kirchlicher Feiertag, der im Arbeitsbereich jedoch als Werktag behandelt wird.

Judentum

Passahfest (Pessach oder Mazzotfest)

Das bedeutendste Fest des Judentums beginnt am Abend des 14. im Monat *Nissan* (März-April) und dauert acht Tage. Es erinnert an die Befreiung des Volkes Israel aus der Knechtschaft in Ägypten, ist mit einer Vielzahl von volkstümlichen Bräuchen verbunden und wird als Familienfest gefeiert. Im Volksmund heißt es auch das »Fest des ungesäuerten Brotes«, denn bei der eiligen Flucht aus der

Herrschaft des Pharaos war keine Zeit mehr, um einen Sauerteig anzusetzen, so dass die Flüchtenden nur ungesäuertes Brot mit auf den langen Weg nehmen konnten. Historisch zeigt sich jedoch, dass das Passahfest auf zwei verschiedene Wurzeln zurückgeht: zum einen auf ein Erntefest, bei dem die Ackerbauern Kanaans sich für die neue Ernte mit frischem Brot bedankten; zum anderen auf ein Nomadenfest, bei dem ein Lamm als Zeichen der Stammesverbundenheit geopfert wurde. Beide Traditionen gehören bis heute zu den Ritualen des Feiertags. Zunächst wird die Wohnung symbolisch von allen alten Brotresten gesäubert, dann wird das Passah-Lamm als Festmahl bereitet. Eine herausragende Rolle hat der Vorabend des Festes, der so genannte *Sederabend*. Er wird in der Familie verbracht und dient dazu, die Geschichte der Befreiung des Volkes als Erinnerungsmahl zu zelebrieren.

Wochenfest (*Schavuot*)

Am 50. Tag nach Passah wird das Wochenfest gefeiert, das seinen Namen von den sieben Wochen hat, die es vom Passah trennt. Da diese Zwischenzeit dem Gedenken der Leiden und der Mühsal gewidmet ist, beginnt erst mit dem Wochenfest wieder die freudige Zeit. Ursprünglich war es ein typisches Erntedankfest, bei dem Erträge der Ernte als Dank dargeboten wurden. Erst später kam ein biblisches Motiv hinzu. Die Thora wurde nun als Gabe Gottes hervorgehoben, so dass am Wochenfest der Offenbarung Gottes am Sinai gedacht werden konnte. Heute werden in der Gestaltung dieses Festes beide Traditionen miteinander verbunden: Die Wohnungen und Synagogen schmückt man mit Blumen und im Gottesdienst werden die Gebote feierlich verlesen.

Neujahr (*Rosch Haschana*)

Die hebräischen Worte *Rosch Haschana* bedeuten so viel wie Anfang oder Kopf des Jahres. Der bei uns noch immer zum Jahreswechsel geläufige Gruß »Guten Rutsch« leitet sich von diesem jüdischen Neujahrsfest ab, zu dem man sich eben einen »guten

Rosch« wünscht. Gefeiert wird es am 1. des Monats *Tischri* (September-Oktober), und zwar in der jüdischen Zeitrechnung als Jahr nach der Schöpfung (2006 = 5766). Ein alter Brauch ist es, an diesem Tag das *Schofar* zu blasen, ein aus dem Widderhorn gestaltetes Blasinstrument mit durchdringendem Klang. Dabei handelt es sich um ein kultisches Instrument, durch das das göttliche Gericht angekündigt wird. Der Neujahrstag ist deshalb auch Anlass, sich den eigenen Lebensweg kritisch vor Augen zu halten und mit guten Vorsätzen in das neue Jahr zu gehen.

Versöhnungstag (*Jom Kippur*)

Er gilt als der wichtigste, wenn auch nicht zwangsläufig als der populärste aller Feiertage im Judentum, was schon mit seinem Charakter als Bußtag zusammenhängt; ein Tag der inneren Einkehr, der Besinnung und absoluten Ruhe. So wichtig ist die Abkehr von allen äußeren Ablenkungen, dass nicht nur Essen und Trinken verboten sind, sondern sogar das Waschen und Anziehen von Schuhen. Sinn dieser Übung ist der Versuch, die Störungen des Lebens zu beseitigen, Vorbedingung der Versöhnung mit Gott ist allerdings die Aussöhnung mit den Menschen, beispielhaft vollzogen in der Beilegung der Konflikte aus dem vergangenen Jahr. Auch der Ritus des »Sündenbocks«, der stellvertretend für alle Verfehlungen in die Wüste gejagt wird, gehört zu diesem besonderen Tag, der einen wirklichen Neuanfang ermöglichen soll.

Laubhüttenfest (*Sukkot*)

Das wohl populärste Fest des Judentums, das seine Beliebtheit dem Brauch verdankt, für eine Woche mit der ganzen Familie in eine Hütte zu ziehen oder, wo das nicht möglich ist, die Wohnung selbst als Laubhütte zu gestalten. Auch dieses Fest soll an die Flucht aus Ägypten erinnern, denn auf dem Weg durch die Wüste waren nur provisorische Behausungen möglich. Der Volksbrauch geht allerdings auf ein frühes Erntefest der Kanaanäer zurück. Während der Weinlese pflegte man in den Gärten zu übernachten, um sich weite Wege zu ersparen. Zum Ende der erfolgreichen Ernte bot es sich dann geradezu an, in der provisorisch gestalteten Laubhütte ein ausgiebiges Dankfest zu feiern. In einer symbolischen Deutung wird das Laubhüttenfest überdies mit der Vergänglichkeit aller irdischen Güter in Verbindung gebracht und mit der Unvollkommenheit der menschlichen Existenz. Zum Synagogengottesdienst dieser Tage gehört deshalb unbedingt die Lesung aus dem Buch »Prediger Salomo« (*Kohelet*), das die Nichtigkeit des Menschen zum Thema hat.

Thorafreudenfest (*Simchat Tora*)

Eigentlich gehört dieses Fest zum Sukkot, es bildet den abschließenden Höhepunkt der herbstlichen Festzeit in der Laubhütte. Allerdings hat sich das Fest der Freude über die Thora schon früh verselbständigt. Wichtigster Gegenstand sind die Rollen der Thora, die unter Jubelgesang in einer Art Prozession durch die Synagoge getragen und von allen Seiten begrüßt werden. Die gottesdienstliche Lesung an diesem Tag gilt dem Ende und Anfang der Schrift, und zwar in dieser Reihenfolge, um die ewige Bedeutung der Schrift für das Judentum zu betonen.

Weihefest (*Chanukka*)

Auffallender Mittelpunkt dieses wichtigen Familienfestes, das auch als »Lichterfest« bezeichnet wird, ist ein spezieller Leuchter. Im Unterschied zu der bekannten siebenarmigen *Menorah* besitzt er acht Arme und ein zusätzliches neuntes Licht, das allerdings nur als Bedienungshilfe dient. An jedem Abend des achttägigen Festes soll jeweils ein Licht angezündet und mit dem Leuchter offen sichtbar in einem Fenster deponiert werden. Dieser Brauch, der so unmittelbar an den Adventskranz erinnert, verweist in der jüdischen Geschichte auf die Wiedereinweihung des Jerusalemer Tempels 164 v. Chr. und lässt im Familienkreis die Freude durch gutes Essen, das Singen von Liedern und gemeinsame Spiele wieder wach werden.

Purim (Fest des Loses)

Obwohl der Anlass des Purim das Fest als durchweg weltliche Angelegenheit ausweist, hat es doch im jüdischen Jahreskreis seinen
festen Standort erhalten. Den Grund dafür liefert das Buch Esther,
das von den Verschwörungen am persischen Hof berichtet und
dabei die Jüdin Esther als geschickte Retterin ihres durch Losent-
scheid zum Tode verurteilten Volkes herausstellt. Gefeiert wird
Purim am 14. Adar (Februar-März), und zwar ausgelassen, fröhlich,
mit speziellem Gebäck und durchaus reichlichem Alkoholkonsum.
Die Kinder verkleiden sich häufig, ziehend lärmend durch die
Straßen, und sogar in der Synagoge sind an diesem Abend Späße
erlaubt.

Islam

Opferfest (arabisch: *Id al-Adha*, türkisch: *Kurban Bayram*)

Das Opferfest gilt als das höchste Ereignis im Festkalender der
Moslems. Es bezieht sich auf die Geschichte der Opferung Ismails
durch seinen Vater. Um seinen unbedingten Gehorsam unter Beweis zu stellen, zeigt sich Abraham sogar bereit, den eigenen Sohn
zu opfern. Im letzten Moment verhindert Allah jedoch die Tat und
schickt ein Schaf, das anstelle des Ismail geopfert wird. Um an diese Geschichte zu erinnern, gehört es zum Ritual dieses viertägigen
Festes, ein Schaf zu schlachten und es zusammen mit Freunden
und der Familie zu essen. Während im Koran die Opfergeschichte
zwischen Abraham und seinem Sohn Ismail beschrieben wird, bezieht die jüdisch-christliche Tradition die Opfergeschichte auf den
Sohn Isaak. Dieser Unterschied ist insofern von Bedeutung, als
Ismail und Isaak als die Stammväter der Araber und der Juden gedeutet werden. Im Mittelpunkt des islamischen Opferfestes steht
also einerseits das Ende aller Menschenopfer, andererseits aber
auch der Aspekt, dass Allah die arabischen Söhne nicht geopfert
wissen möchte.

Fest des Fastenbrechens (arabisch: *Id al-fitr*, türkisch: *Seker Bayram*)

In der volkstümlichen Bedeutung steht das dreitägige Fest des Fastenbrechens noch höher als das Opferfest. Es wird zum Ende der Fastenzeit gefeiert und ist somit unmittelbar mit dem Ramadan verbunden. In erster Linie gilt es dem Dank Allahs für die Zeit des Fastens, und zwar in doppelter Hinsicht: zum einen für das Gelingen, zum anderen aber auch für die Vergebung im Falle der Übertretung. In zweiter Linie dient das Fest aber auch der ausgelassenen Freude über die nunmehr wieder zu genießenden Speisen. Vor allem den Kindern wird die Zeit des Verzichts durch Geschenke vergolten, wobei die Süßigkeiten für den türkischen Ausdruck des »Zuckerfestes« verantwortlich sind.

Ramadan

Die Fastenzeit Ramadan kann zwar nicht als Festzeit und schon gar nicht als Feiertag charakterisiert werden, hat jedoch im Bewusstsein des religiösen Jahreslaufs im Islam eine kaum zu überschätzende Bedeutung. Im Sinne eines eigentlichen Festes beinhaltet der Ramadan neben dem Fest des Fastenbrechens noch das Datum des 27. Ramadan, das als *Leilat al-Qadr* (türkisch: *Kadir Gecesi*) gefeiert wird und zur Erinnerung an die Herabsendung des Korans dient.

Aschura

Der wichtigste Feiertag der Schiiten wird am 10. Tag des islamischen Monats Muharram gefeiert (*aschara* heißt zehn). Es ist das Datum, an dem Hussein, der dritte schiitische Imam und Enkelsohn Mohammeds zusammen mit 72 Gefährten von angreifenden Omajaden getötet wurde. Für die Schiiten gilt deshalb der ganze Monat als Trauerzeit, die an das Massaker von 680 n. Chr. in der Nähe der irakischen Stadt Karbala erinnern soll. Letztlich gab der Märtyrertod Husseins den Ausschlag für die Trennung zwischen den schiitischen und sunnitischen Moslems. Prozessionen, die an diesem Tag stattfinden, sind nicht selten davon geprägt, dass sich besonders fromme Schiiten geißeln und mit Peitschen die Haut aufreißen.

Neujahrsfest

Der Kalender im Islam setzt das Jahr der Auswanderung Mohammeds nach Medina (622 n. Chr.) als Ausgangspunkt voraus. Da der muslimische Kalender jedoch nach Mondjahren gerechnet wird, die erheblich kürzer als das Sonnenjahr sind, kommt es ständig zu Verschiebungen, so dass das Jahr 2006 n. Chr. als 1427 n. H. (nach Hidschra) gezählt wird. Das Neujahrsfest selbst wird durchaus unterschiedlich gefeiert, es gilt als weltliches Ereignis und kann bis zu 13 Tage dauern.

Mevlid Kandili (Lichtfest zum Geburtstag des Propheten)

Neben den großen Festen gehören die so genannten fünf heiligen Nächte zum Festkalender des Islam. Dabei handelt es sich um die Nacht der Himmelreise Mohammeds, die Nacht der Empfängnis des Propheten, die Nacht der Macht (27. Nacht im Ramadan), die Nacht des Schuldenerlasses (15 Tage vor Ramadan) und um die Nacht des Geburtstages des Propheten Mohammed. Dieses Fest ist insofern herausragend, als Geburtstage in der muslimischen Gesellschaft sonst kaum eine Bedeutung haben und dementsprechend auch selten gefeiert werden. Der Geburtstag Mohammeds ist als festliches Ereignis dann auch jüngeren Datums, hat kaum verbindlichen Charakter und wird von Schule zu Schule zu unterschiedlichen Terminen begangen.

Buddhismus

Vesakh oder Visakaha Puja (Buddha-Tag)

Das wichtigste Fest, das vor allem in den Ländern des Theravada-Buddhismus beheimatet ist, soll an den Tag der Geburt, der Erleuchtung und des Todes Buddhas Shakyamuni erinnern. Das Datum des Festes ändert sich nach lokaler Tradition, wird jedoch in der Regel auf den Vollmond im Mai (Monat *Visakha*) gelegt. Zu den Riten des Tages gehören ausgiebiger Blumenschmuck in den Tempeln und die besondere Reinigung der Buddha-Statuen, durch die die Notwendigkeit zur eigenen »inneren« Reinigung als Bedingung der Erleuchtung zum Ausdruck kommt. Darüber hinaus ist es häufig Sitte, Vögel an diesem fröhlich-ausgelassenen Tag freizulassen und mit Lichtprozessionen den Tag zu begehen.

Sangha oder Magha Puja (Vierfache Versammlung)

Die Gemeinschaft der Buddhisten wird als Sangha bezeichnet; das Fest, das zum Vollmond im März (*Magha*) gefeiert wird, gilt dieser Gemeinschaft. Es bezieht sich dabei auf eine Predigt Buddhas, in der dieser die Grundlagen des Lebens als Mönch darlegte, insofern ist es in erster Linie ein Fest der Mönche und erst in zweiter Linie ein Fest für die Gemeinschaft aller Buddhisten. Den Namen hat der Gedenktag von den vier Besonderheiten dieser ersten Versammlung einer buddhistischen Mönchsgemeinde (1250 Mönche kamen ohne Einberufung, alle waren Erleuchtete, alle waren von Buddha ordiniert, Buddha hielt eine Predigt mit den Lehrgrundsätzen).

Dharma oder Asalha Puja

Ein Tag zu Beginn der Regenzeit (Vollmond im Juni), der an die erste Predigt Buddhas im Tierpark von Benares vor den fünf Asketen erinnert, die später zu seinen Gefährten wurden. Im Mittelpunkt steht die Lehre (*dharma*) vom mittleren Weg, von den vier edlen Wahrheiten und dem achtfachen Pfad.

Khao Pan Sa

Mit dem Beginn der Regenzeit ist auch der Tag verbunden, an dem die dreimonatige Zeit der Ruhe und des Studiums für die Mönche beginnt. Zu diesem Fest werden die Tempel besonders geschmückt und Lichtprozessionen veranstaltet.

Religiöse Feiertage werden mit wenigen Ausnahmen nach dem Mondjahr berechnet und weichen deshalb von dem Kalender ab, der sich am Sonnenjahr orientiert. Aus diesem Grunde wechseln die Daten von Jahr zu Jahr. Bei den buddhistischen Feiertagen kommt die Schwierigkeit hinzu, dass schon der Jahresanfang (in der Regel bei Neumond) unterschiedlich bestimmt wird; so gilt in den Theravada-Ländern Thailand, Sri Lanka und Myanmar der April als Jahresbeginn, in Tibet jedoch der Februar und in China der Januar. Aus diesem Grunde ist ein einheitlicher buddhistischer Kalender unmöglich.

Ok Phansa oder Pavarana

Mit dem Ende der Regenzeit, zum Vollmond im Oktober (November), wird ein großes Fest gefeiert. Zu diesem Anlass erhielten die Mönche früher neue Gewänder und machten sich dafür bereit, nach der dreimonatigen Regenzeit, die im Kloster verbracht werden musste, wieder den Tempel zu verlassen. Heute ist der Feiertag ein Anlass für Buddhisten, Gutes zu tun. Meistens geschieht das in Form eines Opfers (Geld oder Nahrungsmittel) für das Kloster. Dafür werden spezielle Prozessionen veranstaltet, bei denen die Buddha-Statue eine Opferschale trägt. Die spezielle Zeremonie der Spendengabe wird als *Kathina*-Zeremonie bezeichnet.

Nirvanatag (*Parinirvana*)

Im Mahayana-Buddhismus wird am 15. Februar der Todestag Buddhas gefeiert. Der Tod gilt dabei als Ausdruck der Erleuchtung, durch die Buddha vom Kreislauf des ewigen Leidens in der irdischen Existenz erlöst wurde. Das Wort *Parinirvana* aus dem Sanskrit bedeutet das »vollständige Verwehen«. An diesem Tag wird über den eigenen Tod meditiert und über den Weg zur Erleuchtung.

Losar (Neujahr)

Der Beginn des neuen Jahres gilt in Tibet, aber auch in Indien und Nepal als eines der größten buddhistischen Feste. In seinem Ursprung geht es noch auf ein Winterfest der vorbuddhistischen

Zeiten zurück. Die drei Tage des Festes bieten nicht nur Zeit, um Rauchopfer darzureichen, sondern auch, um in der Familie ausgiebig zu feiern, Verwandte zu besuchen und sich Geschenke zu machen.

Zum Weiterlesen

Religion

Christina Brüll / Norbert Ittmann / Rüdiger Maschwitz / Christine Stopping: *Synagoge – Kirche – Moschee. Kulträume erfahren und Religionen entdecken.* Kösel Verlag, München 2005.
Über die Begehung von sakralen Räumen ist es möglich, auch die wesentlichen Inhalte einer Religion kennen zu lernen. Die Autoren nutzen diesen Umstand, um – durchaus spielerisch und mit eigenen Entdeckungsaufgaben – in die drei monotheistischen Religionen einzuführen. So vermittelt das Buch nicht nur Erklärungen über die Gestaltungsprinzipien von Kirchen, Synagogen und Moscheen, sondern verhilft dem lesenden Besucher auch zu einem Zutritt zu den jeweiligen Religionen.

Anton Grabner-Haider / Karl Prenner (Hg.): *Religionen und Kulturen der Erde. Ein Handbuch.* Wissenschaftliche Buchgesellschaft, Darmstadt 2004.
Religion verstehen die Autoren als Ausdruck der Kultur und als Spiegelung emotionaler Befindlichkeiten. Ihr Handbuch, mit dem Lebensformen und rituelle Symbole der verschiedenen Religionen aus Geschichte und Gegenwart beschrieben und gedeutet werden, bietet einen allgemein verständlich geschriebenen Überblick. Um die Zuordnung der Religionen von den Kelten bis zum Zen-Buddhismus, von den Schamanen bis zu den Evangelischen Freikir-

chen zu erleichtern, sind die einzelnen Kapitel regional geordnet und nach Erdteilen sortiert.

Thomas Lemmen: *Basiswissen Islam*. Gütersloher Verlagshaus, Gütersloh 2000.
Echtes Basiswissen über den Islam wird in dem knapp 100 Seiten starken Taschenbuch vermittelt. Schwerpunkte sind dabei die Grundlagen der Glaubenslehre, die Lebenspraxis und die Situation des Islam in Deutschland.

Annemarie Ohler: *dtv-Atlas Bibel*. dtv, München 2004.
Übersichtskarten, Zeittafeln, farbige Schemata und grafisch vermittelte Strukturzusammenhänge sind die Stärken dieses gelungenen Versuchs, die Bibel als »Buch der Bücher« zu erklären. Anschaulich werden die einzelnen Bücher des Alten wie des Neuen Testaments in ihrem Inhalt und dem jeweiligen historischen Umfeld ihrer Entstehung erklärt. Darüber hinaus bietet sich der Atlas als Nachschlagewerk an, um wichtige Personen und Daten der Bibel schnell zuordnen zu können.

Burckhard Scherer: *Basiswissen Buddha*. Gütersloher Verlagshaus, Gütersloh 2000.
Als einführende Lektüre in die Grundlagen des Buddhismus eignet sich dieses Taschenbuch, indem es ausgehend von der Biografie des historischen Buddhas Einblicke in die Geisteswelt des Buddhismus vermittelt und die zentralen Lehrsätze erklärt. Kurze ausgewählte Geschichten vom Buddha ergänzen den Zugang und sorgen dafür, dass das Buch nicht zu theorielastig wird.

Monika und Udo Tworuschka: *Islam Lexikon*. Patmos Verlag, Düsseldorf 2002.
Was ist die Sunna? Wodurch unterscheiden sich Sunniten von Schiiten, wie erklärt sich die Scharia? Auf diese Fragen, die sich in der alltäglichen Begegnung mit dem Islam stellen, gibt das kurz ge-

fasste und übersichtlich gestaltete Lexikon Erklärungen, die auch für Laien gut verständlich sind. In der Auswahl der Stichworte bekennen sich die Autoren zu einer Gegenwartsorientierung, die überdies auf die Begegnung mit dem Islam in Deutschland ausgerichtet ist. Das Buch ist dialogisch ausgerichtet und soll die für den Dialog notwendigen elementaren Informationen geben.

Matthias Viertel (Hg.): *Grundbegriffe der Theologie*. dtv, München 2005.
Wer sich für die kulturelle Bedeutung der christlichen Religion interessiert, findet in diesem Nachschlagewerk mit rund 350 Einträgen einen grundlegenden Überblick. Das Buch ist in leicht lesbarer und allgemein verständlicher Weise geschrieben und zugleich wissenschaftlich fundiert. Es bietet dabei nicht nur Verständnishilfen für Fachbegriffe der Theologie, sondern vermittelt auch Einsichten in die aktuelle Diskussion um ethische Themen und den Dialog der Religionen.

Philosophie

Otfried Höffe: *Kleine Geschichte der Philosophie*. C. H. Beck-Verlag, München 2001.
Das Buch von Otfried Höffe lädt Menschen ohne Vorkenntnisse dazu ein, sich mit den Fragestellungen der Philosophie zu beschäftigen. Der Überblick der Philosophiegeschichte von der griechischen Antike bis in die Gegenwart nennt dabei die wichtigsten Philosophen und Schulen, regt darüber hinaus aber dazu an, selber das Philosophieren zu lernen. Die rund 180 überwiegend farbigen Abbildungen bieten zusätzliche Informationen und tragen erheblich dazu bei, dass sich diese Philosophiegeschichte fast wie ein spannender Roman lesen lässt.

Peter Kunzmann / Franz-Peter Burkhard / Franz Wiedmann: *dtv-Atlas Philosophie*. dtv, München 1999.
Der Versuch, philosophische Gedanken in Bildern und Grafiken zu veranschaulichen, hat zu diesem »Atlas« geführt, der Philosophie einmal ganz anders präsentiert. Gerade die mitunter hoch abstrakten Denkvorgänge erfahren durch die grafische Veranschaulichung ein Maß an Klarheit, das in der rein sprachlichen Vermittlung oft vermisst wird. Trotz dieser prägnanten Bildhaftigkeit ist der Atlas doch im Sinne einer Philosophiegeschichte zeitlich geordnet und umfasst alle wichtigen Denker und Schulen von der Antike bis in die Gegenwart.

Ekkehard Martens: *Ich denke, also bin ich. Grundtexte der Philosophie*. C. H. Beck-Verlag, München 2001.
Als »Grundkurs in Philosophie« versteht sich diese Sammlung der wichtigsten philosophischen Texte, die durch knapp gefasste Einleitungen jeweils in ihrem Entstehungszusammenhang und den zentralen Aussagen erläutert werden. Von den Vorsokratikern bis zur Gegenwart reicht die Auswahl der Texte, die zwar keine komplette Übersicht auf die Philosophiegeschichte ermöglichen, dafür aber Anregungen geben, die dem eigenen Denken weiterhelfen.

Volker Steenblock: *Die großen Themen der Philosophie. Eine Anstiftung zum Weiterdenken*. Wissenschaftliche Buchgesellschaft, Darmstadt 2003.
Der Versuch, Antworten auf Fragen zu finden, die Menschen sich schon immer gestellt haben, um ihr Leben zu bewältigen, versteht Steenblock als das spannende Unternehmen »Philosophie«. Seine Anregung zum Weiterdenken begnügt sich deshalb nicht mit entsprechenden Einführungen in die klassischen Themenfelder von Metaphysik, Ethik, Ästhetik, Religionsphilosophie, Sprachphilosophie und Naturphilosophie, sondern ergänzt diese durch Materialien und Arbeitshilfen, die eigenes Weiterarbeiten unterstützen.

Robert Zimmer: *Das Philosophenportal. Ein Schlüssel zu klassischen Werken*. dtv, München 2004.
Insgesamt 16 ausgewählte Werke, die als zentral in der Philosophiegeschichte gelten, werden vorgestellt und erläutert. Dadurch, dass die Kernaussagen jeweils mit den Biografien der Philosophen in Beziehung gesetzt werden, ist eine ebenso informative wie unterhaltsame Lektüre garantiert.

Namenverzeichnis

Bildnachweis

akg-images, Berlin   43 (Electra), 55, 64, 73 (Foto Erich Lessing),
        85 (Foto Bruce Connolly), 88 (Foto Mark de Fraeye), 96 (Foto
        Nimatallah), 116 (Foto Gert Schütz), 117, 131 (Foto Suzanne Held)
Bayerische Staatsbibliothek, München   36
Bildarchiv   127 (Foto L. Janicec)
Caro Fotoagentur GbR   137
Grafik Achim Norweg   80, 91, 128
Museé Condé, Chantilly   79
Museo di San Martino, Neapel   10
Petersdom, Krypta   38
Pinacoteca di Brera, Mailand   120
Vatikanische Museen   94

Alle anderen Abbildungen stammen aus den Archiven des Autors und des
Herausgebers.